SIEGFRIED BROSS

Untersuchungen zu den Appellationsbestimmungen
der Reichskammergerichtsordnung von 1495

Schriften zum Prozessrecht

Band 32

Untersuchungen zu den
Appellationsbestimmungen der
Reichskammergerichtsordnung von 1495

Von

Dr. Siegfried Broß

DUNCKER & HUMBLOT / BERLIN

Alle Rechte vorbehalten
© 1973 Duncker & Humblot, Berlin 41
Gedruckt 1973 bei Buchdruckerei Bruno Luck, Berlin 65
Printed in Germany
ISBN 3 428 02855 4

Vorwort

Die Arbeit ist im September 1971 abgeschlossen und im Sommersemester 1972 von der Juristischen Fakultät der Universität München als Dissertation angenommen worden. Sie geht zurück auf eine Anregung von Prof. Dr. Sten Gagnér, dem ich an dieser Stelle für stete Förderung und Hilfe danken möchte.

Die Arbeit will einen Beitrag zu dem noch nicht geklärten Verhältnis von Urteilsschelte des deutschen und Appellation des gelehrten Rechts leisten. Dazu hat sich der Verfasser die Appellationsbestimmungen der Reichskammergerichtsordnung von 1495 als Ausgangspunkt gewählt, da diese mit ihren unvollständigen Aussagen die Möglichkeit bieten, nicht nur zu ihrem Verständnis, sondern auch zu dem von Urteilsschelte und Appellation, Zusammenhänge aus dem mittelalterlichen Prozeßrecht aufzuzeigen.

Die seit dem Abschluß der Arbeit erschienene Literatur habe ich, soweit es möglich war, berücksichtigt.

Herrn Ministerialrat a. D. Dr. J. Broermann darf ich für die Aufnahme der Arbeit in diese Reihe meinen aufrichtigen Dank aussprechen.

Quellen und Literatur sind in den Fußnoten abgekürzt zitiert. Die genauen bibliographischen Angaben aller in den Fußnoten kursiv gesetzten Autorennamen finden sich im Literaturverzeichnis. Bei nicht kursiv gesetzten Namen handelt es sich um Quellenangaben, die vor dem Literaturverzeichnis gesondert aufgeführt sind. Die Hervorhebungen in den zitierten Quellentexten stammen vom Verfasser.

München, im Oktober 1972

Siegfried Broß

Inhaltsverzeichnis

Einleitung	9
I. Konturen einer Problematik	14
1. Eine Gerichtsordnung aus dem Jahre 1488	14
2. Urteilsschelte und Appellation im Spiegel wissenschaftlicher Kontroversen	15
II. Die Appellationsbestimmungen der Reichskammergerichtsordnung	20
1. Der Instanzenzug zum Reichskammergericht	20
2. Ius novorum	38
3. Das Contumacialverfahren gegen den Beklagten	44
4. Die Appellation gegen Interlokute	53
5. Der Calumnieneid	59
III. Das Verhältnis von Richterablehnung und Appellation	71
Zusammenfassung und Ergebnisse	89
Quellen	94
Literatur	99
Personen- und Sachregister	108

Abkürzungen

a. E.	am Ende
Anl.	Anlage
Anm.	Anmerkung
Art.	Artikel
bes.	besonders
betr.	betreffend
c.	canon, capitulum, constitutio
cc.	canones, capitula, constitutiones
C.	Causa, Codex
col.	columna
Comp.	Compilatio
Decr.	Dekretale
DDC	Dictionnaire de Droit Canonique
DG	Dictum Gratiani
ebd.	ebenda
ed.	editio
f. (ff.)	folgend(e)
Jhdt.	Jahrhundert
Kap.	Kapitel
KG	Kammergericht
LG	Landgericht
MB	Monumenta Boica
nr.	Nummer
pag.	pagina
pr.	principium
qu.	quaestio
RHG	Reichshofgericht
RKG	Reichskammergericht
RKGO	Reichskammergerichtsordnung
s.	siehe
S.	Seite(n)
sc.	scilicet
Tit.	Titel
u. a.	und andere

Einleitung

Die Reichskammergerichtsordnung von 1495 bildet den vorläufigen Abschluß einer fortwährenden Auseinandersetzung zwischen Kaiser und Ständen. Sie stellt ein Kernstück der Reichsreform zu Ende des 15. Jahrhunderts dar. Aus diesem Grunde wird die Reichskammergerichtsordnung wesentlich von verfassungsrechtlichen Fragen hinsichtlich des neu zu errichtenden Reichskammergerichts beherrscht. Die verfahrensrechtlichen Regelungen nehmen deshalb auch nur einen kleinen Raum ein[1].

Der Reichskammergerichtsordnung von 1495 kommt aber nicht nur im Rahmen der verfassungsrechtlichen Entwicklung große Bedeutung zu. Sie nimmt darüberhinaus in der Geschichte der Rezeption des römischen Rechts eine zentrale Stellung ein, da in ihr die „Romanisierung" des Prozesses vor dem neuerrichteten Reichskammergericht niedergelegt worden ist[2].

Von diesem Ausgangspunkt aus, daß die Reichskammergerichtsordnung sowohl verfassungsrechtlich als auch für die Geschichte der Rezeption einen Meilenstein darstellt, ist es besonders reizvoll, die Appellationsbestimmungen der Reichskammergerichtsordnung einer eingehenden Prüfung zu unterziehen. Dieses besondere Anliegen findet seine Rechtfertigung darin, daß das deutsche mittelalterliche Recht kein Rechtsinstitut kannte, das der Appellation des gelehrten Rechts entsprach.

Die bisher herrschende Meinung sieht als Gegenstück zur Appellation die Urteilsschelte, die mit der Appellation nichts gemeinsam habe. Unter diesem Blickwinkel sind die Appellationsbestimmungen der Reichskammergerichtsordnung als Gegenstand einer Untersuchung zu diesem

---

[1] *Lieberich*, Reichskammerprozesse, S. 420, 430; *Wesenberg*, S. 75.
[2] *Wieacker*, S. 176, 182 f.; *Wesenberg*, S. 8, 75; vgl. von den älteren Darstellungen z. B. *Jordan* in Weiskes Rechtslexikon: „daß während der Zeit des Faustrechtes die wenigsten Gerichte im Stande waren, ihre Urtheile zu vollziehen, und schon bei den kaiserlichen Kammer-, Land- und Hofgerichten Formen des fremden Rechtes Eingang fanden; so ward doch der Sieg desselben und der damit verbundenen hierarchischen Gerichtsverfassung erst durch die Errichtung des Reichskammergerichtes (1495) vollständig entschieden, indem dieses seinem Zwecke gemäß das oberste Appellationsgericht in Civilrechtssachen für das ganze Reich im Sinne des fremden Rechtes sein sollte, dessen Verfahren es auch, wie dieses bei den geistlichen Gerichten im Gebrauche war, zu befolgen hatte", Stichwort „Appellation", S. 356.

Problem besonders geeignet, da die Rezeption 1495 die prozeßrechtliche Entwicklung zu einem gewissen Abschluß bringt.

Die Untersuchung möchte also zeigen, in welchem Zusammenhang die in der Reichskammergerichtsordnung enthaltenen, aber sehr unvollständigen Aussagen über die Appellation, verständlich werden könnten.

Die Aktualität dieser Thematik zeichnet sich an wichtigen Untersuchungen der letzten Jahre ab. So greift Heinz Lieberich in seiner Abhandlung „Frühe Reichskammerprozesse aus dem baierischen Reichskreis" die verfassungsrechtliche Problematik der Errichtung des Reichskammergerichts auf. Hans Schlosser analysiert in seiner grundlegenden Arbeit über „Spätmittelalterlicher Zivilprozeß nach bayerischen Quellen" die Diskussion zwischen Rosenthal und Stölzel zum Thema Urteilsschelte und Appellation. In seiner Arbeit über „Die Rechtswirkungen der in der Goldenen Bulle genannten privilegia de non evocando et appellando" konnte Ulrich Eisenhardt diesen Problemkreis konkret aufzeigen.

Für den Bereich des gelehrten Rechts wurde die ältere Untersuchung von Erwin Jacobi durch Wieslaw Litewski ergänzt, ebenso wie durch den ersten der beiden Hauptteile von Heribert Schmitz' Buch „Appellatio Extraiudicialis". Grundlegend zum Ius commune ist jetzt die großangelegte Untersuchung von Antonio Padoa Schioppa, „Ricerche sull, appello nel diritto intermedio", und hier besonders der zweite Band, „I glossatori civilisti".

a) Gegenstand und Begrenzung der Untersuchung

Die Reichskammergerichtsordnung bietet kein geschlossenes System über die Appellation, da die Reichskammergerichtsordnung die Appellation als anerkanntes Rechtsmittel des bestehenden Rechts voraussetzt[3] und das Reichskammergericht als Spitze des Instanzenzuges im Reiche nur solche Regelungen traf, die die Einlegung und Annahme des Rechtsmittels und das Verfahren vor dem Reichskammergericht in Appellationssachen betrafen. Ausgenommen sind also insbesondere solche Bestimmungen, die die unteren Instanzen berühren.

Im Hinblick auf die eingangs skizzierte Kernproblematik des Gegensatzes zwischen Appellation des gelehrten Rechts und Verfahren der Urteilsschelte nach deutschem Recht erfolgt eine weitere Beschränkung des Gegenstandes der Untersuchung. Diese behandelt nur die Appellationsbestimmungen, die von allgemeiner Bedeutung für die Entwicklung des Prozeßrechts sind. Nicht berücksichtigt sind also die zweit-

---

[3] *Stölzel*, Rechtsprechung 2, S. 109 f.

Einleitung

instanzielle Zuständigkeit nach § 30 und die Austräge, die in § 28 geregelt sind[4].

Aus demselben Grund wird auch § 21 nicht behandelt.

Gegenstand der Untersuchung sind die §§ 3, 10, 13, 14, 22 und 24.

Die Untersuchung beginnt mit einer Gegenüberstellung von Appellation und Urteilsschelte. Diese ist als Einführung in die Problematik unentbehrlich, da die folgenden Ausführungen darauf aufbauen. Sie gibt aber weiter Gelegenheit zu einer eingehenden Auseinandersetzung mit der herrschenden Lehre, die bisher den Gegensatz zwischen Urteilsschelte und Appellation zu schroff gesehen hat.

Daran schließt sich eine Betrachtung von § 13 an, der den Instanzenzug unterhalb des Reichskammergerichts ordnet. Diese Bestimmung verdeutlicht in besonderem Maße die verfassungsrechtliche und prozeßrechtliche Situation der Reichskammergerichtsordnung, da der Instanzenzug nicht nur auf Grund prozessualer Notwendigkeit festgelegt wird, sondern sich darin auch die verschiedenen politischen Interessen von Kaiser und Ständen widerspiegeln.

Anhand der Bestimmung des § 14 soll das ius novorum erörtert werden. Wie sich zeigen wird, soll gerade im ius novorum der besondere Unterschied zwischen Urteilsschelte und Appellation liegen. Dieser Gegensatz wird wieder abgemildert durch die Regelung der Appellation gegen Interlokutorien in § 24.

§ 10 fordert eine eingehende Stellungnahme zur Frage der Eidesleistung heraus. In diesem Zusammenhang werden die Appellationseide des deutschen Rechts gewürdigt. Das Contumacialverfahren nach § 22 ist sehr komplex. Neben § 13 ist dies eine weitere Regelung, die die vielfältigen Spannungsverhältnisse in Bezug auf die Reichskammergerichtsordnung festhält.

Ein besonderer Abschnitt ist dem Verhältnis von Richterablehnung und Appellation gewidmet. Darin wird der Versuch gemacht, ausgehend von der Eidesleistung der Kammerrichter und Beisitzer in § 3, Beziehungen zwischen beiden Rechtsinstituten im Hinblick auf das besondere Verfahren der Urteilsschelte im deutschen Recht aufzuzeigen.

Zeitlich ist die Darstellung auf den Zeitraum von ca. 1200—1495 beschränkt[5].

---

[4] Vgl. zu den Austrägen z. B. eingehend *Mindanus*, S. 72—80; zu § 30 *Stölzel*, Rechtsprechung 2, S. 146; *Meurer*, fol. 163 und 165; *Smend*, S. 63.

[5] Die Quellen des gelehrten Rechts werden mit Schwerpunkt seit Beginn des 12. Jahrhunderts berücksichtigt, da die Literatur zum gelehrten Prozeß bereits im 2. Jahrzehnt des 13. Jahrhunderts mit dem Ordo des Tancred einen Höhepunkt erlebt und damit die Grundstrukturen des Prozesses festliegen, vgl. *Nörr*, Stellung des Richters, S. 5.

b) Methodischer Gang der Untersuchung

Dem Anliegen der Untersuchung entsprechend stehen jeweils die Appellationsbestimmungen der Reichskammergerichtsordnung im Mittelpunkt der Erörterung. Um aber wirklich die Problematik und den Hintergrund für jede Regelung aufzeigen zu können, unter besonderer Berücksichtigung von gelehrter Appellation und deutscher Urteilsschelte, müssen Quellen des deutschen und der verschiedenen Verzweigungen des gelehrten Rechts mit in die Betrachtung einbezogen werden. Um dabei nicht in der zersplitterten mittelalterlichen Rechtswelt zu versinken, ist eine Auswahl und Beschränkung der Quellen notwendig. Es werden deshalb vorwiegend solche Quellen mit allgemeiner Bedeutung für das Verhältnis von Urteilsschelte und Appellation herangezogen.

Diese Bedeutung kommt vor allem den Rechtsbüchern des Mittelalters zu. Sie enthalten für die hier angesprochene Problematik als erste eine Regelung. Weiter werden dann die romanisierten Vorläufer der Reichskammergerichtsordnung berücksichtigt. Darunter rechnen die Kammergerichtsordnung Friedrichs III. von 1471 und der Ständische Entwurf einer Kammergerichtsordnung aus dem Jahre 1486, die als direkte Vorläufer der Reichskammergerichtsordnung von 1495 auf eine gewisse Kontinuität zum königlichen Kammergericht hinweisen[6].

An territorialen Quellen werden die süddeutschen bevorzugt dargestellt, da sie, wie sich zeigen wird, für die angesprochene Problematik eine große Aussagekraft haben.

Nicht berücksichtigt wird die geistliche Gerichtsbarkeit, da diese schon seit dem 13. Jahrhundert den römisch-kanonischen Prozeß kennt[7] und deshalb aus dieser Anwendung keine Schlüsse auf die allgemeine Verbreitung der Appellation des gelehrten Rechts gezogen werden können.

Das gelehrte Recht kann, um den Rahmen nicht zu sprengen, nicht zu jeder Frage geschlossen eingearbeitet werden. Es kommen also jeweils nur die für das im Mittelpunkt stehende Problem bedeutendsten Vertreter von Kanonistik und Legistik zu Wort. Die päpstlichen Dekretalen sind dagegen vollständig mit in die Betrachtung einbezogen, da von ihnen, wie sich zeigen wird, große Impulse ausgehen. Das römische Recht ist nur insoweit berücksichtigt, als es zum Verständnis des gelehrten Rechts unentbehrlich ist. Diese Beschränkung ist gerechtfertigt, da das klassische römische und das justinianische Recht nicht direkt, sondern in der Form, die es durch die Arbeit der Glossatoren und ihrer Nachfolger gefunden hat, rezipiert worden ist[8].

---
[6] Vgl. dazu *Lieberich*, Reichskammerprozesse, S. 420.
[7] *Wieacker*, S. 115 f.
[8] *Wieacker*, S. 133 f.

Die Praxis des königlichen Kammergerichts und die des Reichskammergerichts nach 1495 ist in die Untersuchung mit aufgenommen, wenn dies zur Klärung von Zweifelsfragen als unentbehrlich erscheint.

Eine Unterscheidung zwischen Zivil- und Strafprozeß erübrigt sich, da das Reichskammergericht als oberste Instanz nur für Zivilsachen zuständig sein sollte[9]; bei der Untersuchung ergibt sich dann aber jeweils eine Trennung, da trotz der anfänglich nicht geschiedenen Verfahrensarten[10] bei der Ausgestaltung der Bestimmungen der Reichskammergerichtsordnung zivil- oder strafprozessuales Gedankengut eingeflossen ist.

---

[9] *Jordan*, Weiskes Rechtslexikon, S. 356; die Appellation in Strafsachen war zwar nicht ausdrücklich verboten, die Territorialfürsten waren aber bestrebt, diese zu unterbinden, vgl. *Jordan*, S. 410 f.; vgl. dazu auch die Beispielsfälle bei *Lieberich*, Reichskammerprozesse, S. 423 f., 436 ff.
[10] Vgl. für den gelehrten Prozeß *Nörr*, Stellung des Richters, S. 6; für den mittelalterlichen deutschen Prozeß, *Schlosser*, S. 2.

I. Konturen einer Problematik

1. Eine Gerichtsordnung aus dem Jahre 1488

Die Gerichtsordnung des Oberhofgerichts zu Leipzig regelt: „Wan entliche vrteill vnd Rechtsprŏche ergeheenn, der sich ymandt beschweret bedŭncket, Adder andere rechtliche beschwerunge ymandt zwgefŭget wŭrdenn der mack sich deß an vnß beruffen vnd appellirenn, noch Sechßigischenn Rechtenn, vnd sunderlichen In der gestalt, daß der beschwerte also balde das vrteil strafe vnnd vor der Bank eynn Beßers finde. Vnnd das ins gerichte schreibenn lasse, mit Bethe vnnd Begerenn, beide vrtteil an vns zwschickenn, eyns vndder ŏn zwbecrefftenn. Adder das der beschwerte noch ordenunge der keyßerrecht In zcehenn tagen appellire, vnd seyne Appellation mit Recht volfŭre"[1].

Die Gerichtsordnung bezeichnet in dieser Bestimmung zwei Rechtsmittel, die einem durch ein Endurteil oder sonstige Rechtssprüche Beschwerten zur Verfügung stehen. Das eine beruht auf sächsischem Recht, das andere auf Kaiserrecht. Darüberhinaus haben aber beide offensichtlich einen verschiedenen sachlichen Inhalt.

Während das Gebrauchmachen durch den Beschwerten einheitlich als „berufen und appellieren" bezeichnet wird, liegt die Besonderheit des Rechtsmittels nach sächsischem Recht darin, daß der Beschwerte das Urteil umgehend „strafe", was immer man darunter zunächst verstehen möchte. Danach soll er ein anderes, besseres, finden und zwar vor Gericht, „vor der Bank". Danach sollen beide Urteile an das Oberhofgericht mit der Bitte geschickt werden, eines der beiden Urteile zu bestätigen.

Der Beschwerte hat aber auch die Möglichkeit, nach der Ordnung des Kaiserrechts binnen zehn Tagen zu appellieren und seine Appellation durchzuführen. Nähere Ausführungen über diesen zweiten Weg macht die Gerichtsordnung nicht. Ein wesentlicher Unterschied beider Rechtsmittel liegt aber offensichtlich in dieser Frist für die Einlegung.

Diese Gerichtsordnung von 1488 kennt somit zwei Rechtsmittel, die selbständig und gleichwertig nebeneinanderstehen. Beide werden aber

---

[1] Diese Gerichtsordnung von 1488 ist abgedruckt bei *Guenther*, Beilage Nr. 5, S. 96—108. Die Bestimmungen sind nicht numeriert. Die zitierte findet sich S. 104 f.

in einem Gegensatz gesehen und folgen jeweils verschiedenen Formalien. Es ist unschwer zu erraten, daß es sich bei dem Rechtsmittel nach sächsischem Recht um die Urteilsschelte und bei dem nach Kaiserrecht um die Appellation des gelehrten Rechts handelt.

2. Urteilsschelte und Appellation im Spiegel wissenschaftlicher Kontroversen

Über die Rechtsnatur des bayerischen Gedings, ob dieses Urteilsschelte oder Appellation sei, entstand um die Jahrhundertwende eine Auseinandersetzung zwischen Adolf Stölzel und Eduard Rosenthal. In seiner Abhandlung über die Rechtsmittel im sächsischen Recht übt Gerhard Buchda Kritik an der von Ernst Boehm vertretenen Auffassung, das sächsische Recht kenne bereits seit dem 13. Jahrhundert neben der Läuterung die Appellation.

Für das bayerische Geding, das uns z. B. in Art. 310 des Münchner Stadtrechts von 1340[1] oder Art. 263 des Freisinger Rechtsbuchs[2] begegnet, hat Schlosser in einer eingehenden Analyse die Kontroverse zwischen Stölzel und Rosenthal einer Lösung näher gebracht[3].

Allerdings ist die Kritik nicht nur an der zersplitterten Rechtspraxis anzubringen, sondern am Ausgangspunkt beider Autoren überhaupt. Während Stölzel im Geding nur die süddeutsche Art der Urteilsschelte sieht, die sich unter dem Einfluß des gelehrten Prozeßrechts erst in der zweiten Hälfte des 15. Jahrhunderts zur Appellation wandelt[4], hält Rosenthal das Geding gen Hof für ein wahres Rechtsmittel, das während des 14. und 15. Jahrhunderts mit der Appellation nahezu identisch ist[5]. Von diesem Ausgangspunkt aus sehen beide Urteilsschelte und Appellation in unüberbrückbarem Gegensatz zueinander. Beide Rechtsmittel schließen sich nach dieser Auffassung gegenseitig aus.

Dasselbe gilt für die Kritik von Buchda an Boehm. Buchda widerlegt mit eingehender Begründung[6] die Meinung von Boehm[7], das sächsische Gerichtsverfahren kenne schon seit dem 13. Jahrhundert die Appellation. Trotz der ausführlichen Stellungnahme Buchdas bleibt seine Beweisführung nur ein Versuch. Eine begründete Stellungnahme zu dieser

---
[1] In der Ausgabe von *Dirr*, S. 404.
[2] Bei *Claußen*, S. 306 und 308.
[3] Spätmittelalterlicher Zivilprozeß, S. 444 ff.
[4] *Stölzel*, Rechtsprechung 2, S. 320 ff.; ders., Geding und Appellation, S. 7 ff., 56 f.
[5] *Rosenthal*, Gerichtswesen I, S. 123 ff.; ders., ZRG (GA) 31 (1910), S. 527 ff.
[6] ZRG (GA) 75 (1958), S. 288 ff.
[7] ZgStrW 60 (1941), S. 231 ff.

Problematik ist m. E. nur dann möglich, wenn zugleich das Vergleichsmaterial aus der mittelalterlichen Kanonistik und Legistik in die Diskussion mit einbezogen wird.

Eine weitere Schwierigkeit, die oft übersehen wird, liegt darin, daß die Quellen zum deutschen Recht nur spärlich Auskunft über das Verfahren geben und Mitteilungen aus der Praxis des 13. Jahrhunderts fehlen.

Die Rechtsbücher regeln das Verfahren der Urteilsschelte dahin, daß unter Beachtung bestimmter Förmlichkeiten ein Urteil gescholten wird und dadurch die Zuständigkeit eines höheren Richters eröffnet wird: „Scilt men en ordel, des scal men ten an den hogeren richtere, to lest vor den koning", Art. 55 SspLdR[8], und dieses Schelten muß im Stehen vorgenommen werden: „Stande scal men ordel scelden, sittene scal men ordel vinden[9]." Wesentlich ist dabei nach Aussage des RLdRs, daß ein Urteil sofort gescholten wird, bevor ein anderes gefragt wird: „Sculde oc ein en ordel, also darna eines anderen twischen gevraget worde, so vrage, na deme dat hes nicht tu hant ne scalt, oft het nu besceldden moge. So vintme, he ne moge[10]."

Wenn man dagegen die Definition der Appellation einer Quelle des gelehrten Rechts stellt, ergeben sich auf den ersten Blick keine großen Unterschiede, da „appellatio sive provocatio est ad majorem judicem contra sententiam a minore factam vocatio vel proclamatio"[11]. Danach ist die Appellation, die auch Provokation genannt wird, an einen höheren Richter gerichtet und zwar gegen das Urteil eines Richters der niedereren Instanz.

Der Ausgangspunkt von Urteilsschelte und Appellation ist demnach derselbe, da beide Rechtsmittel gegen die Entscheidung eines Richters sind und die Zuständigkeit eines höheren Richters eröffnen. Anders als die Urteilsschelte gewährt die Appellation eine Überlegungsfrist von 10 Tagen; sie ist aber nicht Voraussetzung, da die Appellation auch sofort eingelegt werden kann[12].

---

[8] S. 137; vgl. *Planck* I, S. 282. Zitiert werden nur die Landrechtsteile, da sich aus den Lehenrechtsteilen keine Besonderheiten ergeben.

[9] Art. 56 SspLdR; vgl. *Planck* I, S. 275.

[10] Cap. 49, § 7 RLdR, S. 311; vgl. dazu *Stölzel*, Rechtsprechung 2, S. 127; *Planck* I, S. 274. Dieselbe Regelung trifft auch der Sachsenspiegel: „Swelke gave de man sut, oder swelk ordel he vinden hort, ne weder redet he is to hant nicht, dar na mach he is nicht weder reden", S. 134. Darüber besteht in den Quellen eine einmütige Aussage, vgl. Art. 17 Steiermärkisches Landrecht: „Wann paid vorsprechen ertaillent, so mag man woll vrtail gedingen ee man vber den dritten khombt", S. 84; vgl. dazu *Wesener*, S. 97—99.

[11] Diese Definition stammt von Bulgarus; Bulgarus de judiciis, S. 22.

[12] Vgl. Durantis, Speculum iudiciale, Lib. II, Partic. III, „De Appellatione", S. 832, 5 § Restat, S. 847: „Et quidem appellari potest statim quodcunque

2. Urteilsschelte u. Appellation im Spiegel wissenschaftl. Kontroversen

Dieses wichtige Unterscheidungsmerkmal spielt beim bayerischen Geding nach den Feststellungen Schlossers[13] eine entscheidende Rolle, da für diesen Bereich während des 14. und noch in der ersten Hälfte des 15. Jahrhunderts alleiniger Gegenstand der Gedings der vor der Vollbort und vor der richterlichen Verkündung gemachte Urteilsvorschlag ist. Die Überlegungsfrist von 10 Tagen kommt aber nur zum Tragen bei einem Urteil, das bereits alle Formalien erfüllt und damit vollstreckt werden kann[14].

Weniger zugänglich ist unserem heutigen Verständnis die nach den Quellen vorhandene Trennung der richterlichen Zuständigkeit, da diese in Richter und Urteilsfinder aufgeteilt war: „Scepenbare lude moten ordele vinden over iewelken man", Art. 55 SspLdR[15], während dem das Gebot an den Richter „ordel ne scal he (nicht) vinden noch scelden"[16] entsprach. Danach wurde also das Urteil nicht vom Richter, sondern von den Urteilsfindern gefunden.

Diese Voraussetzung ist wieder in den Fällen nicht gegeben, in denen der Richter alleine richtet. Dann gibt es keinen Urteilsvorschlag, so daß dort die Anfechtung eines Urteils der Appellation des gelehrten Rechts sehr nahe kommt[17], da das gelehrte Recht grundsätzlich nur den allein urteilenden Richter kennt[18].

---

gravamen infertur, ... Potest etiam appellari postea, ... semper intra decendium et non ultra". Diese Schrift ist zwischen 1271—1276 verfaßt und zwischen 1286—1291 überarbeitet, vgl. *Stickler*, DDC, VI, col. 1138; *van Hove*, S. 491 f. Durantis faßt in seinem Speculum den gesamten damals vorhandenen Wissensstoff des römisch-kanonischen Prozesses zusammen, vgl. *Nörr*, Stellung des Richters, S. 5.

[13] S. 444 f.
[14] Vgl. Durantis, „De Sententia", 7 § Nunc, S. 798 f.; Tancred, Ordo, „De exsecutione sententiae": „Illa sententia, quae a competenti iudice lata est, ordine iudiciario servato, quae ipso iure tenet et valet, nec per appellationis vel in integrum restitutionis, beneficium est suspensa, exsecutioni debet mandari ...", S. 285.
[15] S. 137; vgl. *Planck* I, S. 99; die Quellen unterscheiden nicht immer genau in der Bezeichnung Urteilsfinder, Schöffe und Richter, vgl. *Stölzel*, Richtertum, S. 159 f.; *Sohm*, S. 150.
[16] S. 212; vgl. *Planck* I, S. 102 f.; *Schmidt*, S. 65.
[17] *Schlosser*, S. 445.
[18] Diese Struktur des römisch-kanonischen Prozesses kennzeichnen die Quellen dahin: „Iudicium est actus trium personarum: iudex, actor et reus"; so an Stelle vieler, Bulgarus de judiciis, dessen Ordo für eine ganze Literaturgattung zum Vorbild wurde: „Judicium accipitur actus ad minus trium personarum, actoris intendentis, rei intentionem evitantis, judicis in medio cognoscentis", S. 20 f. Zu Bulgarus de judiciis vgl. *Le Bras*, S. 31 f. mit Anm. 1; entstanden ist die Schrift um 1141, vgl. *Kantorowicz*, S. 71 f.; mit ordo iudiciarius werden Prozeßschriften bezeichnet, vgl. *Nörr*, ordo iudiciorum und ordo iudiciarius, S. 329 ff., bes. S. 334 f. Damit nimmt eine eigenständige, vom Privatrecht gesonderte Prozeßrechtswissenschaft ihren Anfang, vgl. *Nörr*, Stellung des Richters, S. 4.

18   I. Konturen einer Problematik

Damit verliert aber die Auseinandersetzung darüber, ob das bayerische Geding oder die Rechtsmittel des sächsischen Rechts deutsche Urteilsschelte oder gelehrte Appellation seien, wesentlich an Schärfe. Auf diese fließenden Konturen hat nachdrücklich Schlosser[19] aufmerksam gemacht und der Vergleich mit den Quellen des gelehrten Rechts hat diese Beobachtung bestätigt.

Aus der Besonderheit der Urteilsschelte, daß in der höheren Instanz zwei Urteile mit der Frage vorgelegt werden, welches das richtige sei[20], ergibt sich diese Verhandlung zwischen dem Finder und dem Schelter des Urteils[21]. Diese müssen also nicht mit den Parteien des ursprünglichen Rechtsstreits identisch sein. Daraus folgt aber weiter, zumindest für die hier angesprochene Konstellation, daß es sich bei dem Zwischenstreit nicht um die Parteien des urspünglichen Rechtsstreits handelt, daß das dem gelehrten Recht eigene ius novorum bei der Appellation, also das Recht, neue Tatsachen und Beweismittel einzuführen, der Urteilsschelte fremd ist[22].

Urteilsschelte und Appellation sind nicht als zwei grundsätzlich verschiedene Rechtsmittel zu betrachten, die keinerlei gemeinsame Kennzeichen besitzen. Die Ordnung für das Oberhofgericht von Leipzig aus dem Jahre 1488 behandelt beide Rechtsmittel noch als verschiedene, doch das zu einer Zeit, als beide schon in einander übergehen, wie die Untersuchung von Schlosser für den bayerischen Rechtskreis gezeigt hat. Die Schwierigkeiten der Differenzierung sind darin begründet, daß die Quellen zum deutschen Recht, die mittelalterlichen Rechtsbücher und die Stadtrechte, nur sehr spärlich Auskunft über die Urteilsschelte geben und daß durch die vielen gemeinsamen Berührungspunkte eine Trennung, vor allem in Grenzbereichen, nicht immer scharf durchgeführt werden kann. Dies gilt vor allem für die Trennung von Richter und Urteilsfindern und die Einführung von neuem Prozeßstoff. Auf Grund der Quellen zum deutschen Recht darf aber als gesichert gelten,

---

[19] S. 445.
[20] Vgl. dazu Cap. 50, § 5 RLdR: „...N ic bidde iu bi iuwer huldeginge, dat gi utgan mit al den de hir sin unde bringen wedder in, welk ordel under *dessen twen dat rechteste si*"; vgl. auch *Planck* I, S. 289 f.
[21] *Planck* I, S. 281: „Der Rechtsstreit zwischen den ursprünglichen Parteien ruht also und zwar bis dahin, daß der durch das Schelten des Urteils entstandene Zwischenstreit zwischen dem Schelter und Finder erledigt ist. Die beiden letzteren sind nämlich die nunmehr sich gegenüberstehenden Gegner, durch deren Thätigkeit die Entscheidung des Zwischenstreits herbeizuführen ist".
[22] Durantis, 10 § De Nr. 2, S. 860: „Debet autem praemissa facere secundum allegata. Quinimo debet etiam rationes et testes audire, et recipere, quos partes uolunt super nouis articulis inducere, quia in causa appellationis potest non oppositum opponi, et non probatum probari, sicque secundum causae merita debet sententiam proferre".

2. Urteilsschelte u. Appellation im Spiegel wissenschaftl. Kontroversen 19

daß das Verfahren in der unteren Instanz ruhte, bis der Zwischenstreit in der höheren entschieden war[23].

Die reine Wortinterpretation bietet für die Lösung des Problems wenig Hilfe. Insofern ist der Auffassung von Boehm[24] zuzustimmen entgegen der Kritik Buchdas[25]. Das Klammern an Begriffen ist deshalb nicht der richtige Ansatzpunkt, da außer der Wendung „Urteil schelten" auch „Urteil strafen" auftritt und im bayerischen Rechtskreis statt schelten die Begriffe „Geding" bzw. „dingen" verwendet werden. Daneben kennt der Schwabenspiegel „widerwerfen": „Unde ist daz man einem man ein vrteil wider wirfet. die sol man ziehen an einen hoeheren rihter"[26]. Dies gilt umso mehr, als dann verstärkt im 15. Jahrhundert eine völlige Auflösung der Begriffswelt in vielen Urkunden festzustellen ist, wie z. B. eingangs bei der Gerichtsordnung von 1488, wo berufen und appellieren auch für das Verfahren der Urteilsschelte Anwendung finden[27].

Um die Konturen der Problematik schärfer zeichnen zu können, ist es deshalb erforderlich, eine breite Vergleichsbasis herzustellen[28]. Dazu gehört aber auch die Untersuchung des Vergleichsmaterials des gelehrten Rechts, da Urteilsschelte und Appellation auf den ersten Blick viele Gemeinsamkeiten haben und folglich erst Detailuntersuchungen in dieser Hinsicht eine weitere Klärung bringen können.

---

[23] Vgl. Art. 55 SspLdR, S. 138: „Swenne se den koning erst ereschet binnen sassescher art, so scolen se to hove varen, unde dar na over ses weken dat ordel weder brengen"; ebenso, Cap. 49, § 5 a. E. RLdR, S. 310; vgl. Stölzel, Rechtsprechung 2, S. 128; Art. 12 Steiermärkisches Landrecht: „Wann man vrtail dingt vnd wann dy vrtail hin vnd herwider kombt, so soll man nach der vrtail richten, vnd sünd die ersten rechten alle ab", S. 82.

[24] S. 245.

[25] S. 288 f.

[26] Art. 114 a, S. 57; Art. 106 DspLdR, S. 102 stimmt damit überein.

[27] Bei den lateinisch abgefaßten Urkunden ist der Grund darin zu suchen, daß „appellare" eben den Gebrauch des Rechtsmittels zum Ausdruck bringt. Vgl. zu dieser Problematik auch Art. 8 der Gesetzentwürfe zur Reichsreform von 1438, Nr. 165, A, bei *Zeumer*, Quellen, S. 252 ff., S. 254: „Und würd auch iemand an sollichen gerichten gesweret, der mag sich beruffen fur den nechsten oberrichter desselben gerichts; ..."; Art. 9 des Entwurfs B von 1438, Zeumer, Quellen, S. 257 ff., S. 259: „Wurd auch imants an sollichen gerichten besweret oder geverlich gehandelt, der mag *sich furbas beruffen, als von alters herkomen und recht ist. Wurde aber derselbe, der sich also beruffet und appellirt,* ...".

[28] Diese Forderung Schlossers, die sich aus der Kritik an Stölzel und Rosenthal ergibt, halte ich für berechtigt; vgl. *Schlosser*, S. 444.

II. Die Appellationsbestimmungen der Reichskammergerichtsordnung

1. Der Instanzenzug zum Reichskammergericht

Die allgemeine Zuständigkeit des Reichskammergerichts in Appellationssachen und den dabei einzuhaltenden Instanzenzug unterhalb des Reichskammergerichts regelt § 13 mit der Anordnung, daß das Reichskammergericht keine Appellation annehmen solle, „die nit *gradatim* geschehen wär, das ist an das nechst ordenlich Obergericht"[1].

Damit ist festgelegt, daß eine Appellation zum Reichskammergericht stufenweise verfolgt werden muß, daß das Überspringen einer Instanz unzulässig ist. Weiter folgt aber daraus, daß in den Territorien mindestens zwei Instanzen vorhanden sein müssen, da sonst das zuständige Obergericht fehlt. In dieser knappen Formulierung liegt ein ganzes Bündel von Problemen verborgen. Es handelt sich dabei um eine der „politisch virulentesten Forderungen der Reichskammergerichtsordnung von 1495"[2].

§ 13 bewirkt nämlich für die Untertanen von Fürsten, die sich im Besitz von sog. Privilegia de non appellando befanden, den Ausschluß einer Appellation an das höchste Gericht im Reiche[3]. Diese Privilegien wurden den Kurfürsten bereits in der Goldenen Bulle von 1356[4] erteilt, in deren Cap. XI bestimmt wird, daß in den kurfürstlichen Territorien keine Appellation an ein Gericht außerhalb des Territoriums statthaft sei, „... ad quodcumque tribunal aliud liceat appellare"[5]. Dem König von Böhmen wurde dasselbe Privileg in Cap. VIII zugestanden[6] mit der Besonderheit, daß es nicht, wie das der übrigen Kurfürsten, nicht gelten sollte, wenn ein Fall von Justizverweigerung vorlag[7].

---

[1] Vgl. bei Zeumer, Quellen, Nr. 174, S. 284 ff., § 13, S. 287.

[2] *Lieberich,* Reichskammerprozesse, S. 434.

[3] *Schlosser,* S. 28 f.; *Lieberich,* Reichskammerprozesse, S. 422, 434 f.; *Eisenhardt,* S. 79.

[4] Bei Zeumer, Quellen, Nr. 148, S. 192—214; vgl. dazu auch die Ausgabe von Müller mit deutscher Übersetzung und die mit einer Kommentierung versehene Ausgabe von Wolf des Drucks von Straßburg aus dem Jahre 1485.

[5] Cap. XI, S. 202 f., S. 203.

[6] Cap. VIII, S. 201.

[7] Cap. XI, S. 203: „... ad quodcumque tribunal aliud liceat appellare, quamdiu in archiepiscoporum predictorum et suorum iudicio querulantibus

1. Der Instanzenzug zum Reichskammergericht

Die in der Goldenen Bulle bedachten Kurfürsten setzen sich aber nicht dem Vorwurf der Rechtsverweigerung aus, wenn sie für ihr Territorium keine zweite Instanz einrichten im Hinblick auf § 13 Reichskammergerichtsordnung, da eine Appellation aus einem kurfürstlichen Territorium an das Reichskammergericht durch die Appellationsprivilegien ausgeschlossen ist. Diese Aufgabe, also zwei territoriale Instanzen einzurichten[8], besteht für die übrigen Territorien, da bei nur einer Instanz das „nechst ordenlich Obergericht" fehlt und deshalb keine Appellation an das Reichskammergericht eingereicht werden kann, da sonst eine durch § 13 Reichskammergerichtsordnung ausgeschlossene Appellation per saltum vorliegen würde[9].

Als solche zweite Instanzen bieten sich die Hofgerichte der Fürsten an[10]. Es kommen aber auch die Oberhöfe[11] in Betracht, wenn sie nicht mehr bloße Rechtsbelehrungen erteilen, sondern als Instanz in den Instanzenzug eingegliedert werden[12]. Dieselbe Funktion übernehmen dann in den Freien Reichsstädten die Räte[13].

Bevor aber die Frage der Instanzenbildung aktuell wurde, war noch die Frage der Fortgeltung der Privilegia de non appellando seit der Goldenen Bulle zu klären, da deren Bestand bei Errichtung des Reichskammergerichts keineswegs unangefochten war. Diese Unsicherheit beruht auf mehreren Gründen. Einmal rührte sie, was den prozessualen Bereich direkt betraf, daher, daß „appellare" nach der Goldenen Bulle noch nicht die gelehrte Appellation, wie sie der Reichskammergerichtsordnung zugrunde liege, gewesen sei[14].

---

non fuerit iusticia denegata". Der Grund für die unterschiedliche Behandlung dürfte in der besonderen Stellung Böhmens im Reich zu suchen sein, vgl. *von Olenschlager*, S. 184—186; *Eisenhardt*, S. 76.

[8] Vgl. *Stölzel*, Rechtsprechung 2, S. 146; *Meurer*, fol. 118; *Estor*, § 1100, *Wehner*, S. 256, c. 4.

[9] Vgl. *Stölzel*, Rechtsprechung 2, S. 183 und 186.

[10] *Stölzel*, Rechtsprechung 2, S. 149 f.; *Kern*, S. 13; *Rennefahrt*, S. 3 f.

[11] Beim Verfahren nach der Urteilsschelte gab es statt des Zuges an eine höhere Dingstatt auch den Zug an einen Oberhof. Deren Entstehung ist nicht ganz geklärt, vgl. *v. Maurer*, 3, § 586, S. 760. Das Zugverfahren beruht jedoch auf der Bewidmung anderer Städte mit dem Stadtrecht einer Stadt, also der Ausbildung von Stadtrechtsfamilien, *v. Maurer*, S. 763—765; *Planck I*, S. 284 f.; *Thomas*, § 14, S. 57 f.; *Gaupp*, S. XVIII f., XXIII; vgl. dazu auch § 19 Weichbildrecht, S. 8; *v. Brünneck*, S. 1 f.

[12] *Stölzel*, Rechtsprechung 2, S. 126 f., 183 f.; ders., Richtertum, S. 171—173.

[13] Vgl. dazu z. B. Art. 82 der Gerichtsordnung der freien Reichsstadt Nördlingen von 1488: „Item von unserm statgericht mag man sich in urtailen oder entschaiden, der iemand beschwert / wurde, für burgermaister und klainen räte und von aim klainen rät für die kaiserliche maiestät und sonst nindert ain berüfen", S. 372; ähnlich auch die Nürnberger Reformation von 1479, 10. Tit. 5. Gesetz, vgl. dazu *Waldmann*, S. 19 f.

[14] *Buchda* in HRG, Appellationsprivilegien, col. 200; *Stölzel*, Rechtsprechung 2, S. 115 f., 134 und 137; *Planck* bezeichnet die Privilegien de non app. als

II. Die Appellationsbestimmungen der Reichskammergerichtsordnung

Zweifelhaft war aber auch, ob die Privilegien zwischenzeitlich nicht erloschen seien. Für diese Auffassung ließ sich anführen, daß 1356 noch kein Reichskammergericht als oberstes Reichsgericht bestand. Auf der anderen Seite hatten einige Kurfürsten die ihnen aus den Privilegien zustehenden Rechte nicht in Anspruch genommen[15].

In beiden Fragen kommt der Reichshofrat in einem Gutachten von 1653 zu dem Ergebnis, daß die in der Goldenen Bulle von 1356 genannten Privilegia de non appellando weder durch Nichtausübung erloschen seien noch dadurch, daß 1356 kein Reichskammergericht bestand[16].

Unter diesen Gesichtspunkten waren die Fürsten also im Gebrauch ihrer Appellatonsprivilegien nicht beschränkt. Dieses Gutachten von 1653 scheint auch in etwa der vor 1495 geübten Praxis zu entsprechen, da z. B. Franklin in seiner Sammlung einen Fall mitteilt, in dem das Privilegium de non appellando eine Rolle spielte.

In diesem Fall aus dem Jahre 1451[17] wurde der Antrag des Appellaten, auf Grund des c. XI der Goldenen Bulle die Sache vor die pfalzgräflichen Gerichte zu verweisen, durch Urteil als unzulässig zurückgewiesen, da die Appellanten „der Pfalz undertan und undersassen nit weren und das vorgemeldte kapitel der g. B. in im selbs ausgelegt und interpretiret ist, die freiheit zu verstan, allein gegen denen, die der Pfalz undertan und mit hause in der Pfalz landen gesessen sein".

Das Kammergericht stellt sich bei der Entscheidung somit auf den Standpunkt, daß das Privileg zwar gültig sei, aber nur die Untertanen des betreffenden Fürsten binde.

Während die Lösung der Fortgeltung der Appellationsprivilegien also in dieser Hinsicht keine Schwierigkeiten bereitet, ist das Problem von der prozessualen Seite aus nicht so leicht zu bewältigen.

Diese Überlegung beruht darauf, daß die lateinisch abgefaßten Urkunden dieser Zeit die Begriffe „appellare" und „appellatio" nur deshalb verwenden, weil der lateinische Ausdruck für „Urteilsschelte" fehlt[18].

Mittel, durch welches die Möglichkeit des Urteilsscheltens an das Reichsgericht immer mehr eingeschränkt wurde, vgl. I, S. 272.

[15] Vgl. dazu *Eisenhardt*, S. 84 und 88; *Smend* weist nach, daß die geistlichen Kurfürstentümer im 15. Jahrhundert am Appellationsprivileg der Goldenen Bulle nicht festgehalten haben, daß ein ausdrücklicher Verzicht aber nicht erfolgt ist, S. 59—62.

[16] Vgl. *Eisenhardt*, S. 88.

[17] *Franklin*, Königliches Kammergericht, S. 57 f., Nr. XXX.

[18] *Stölzel*, Rechtsprechung 2, S. 132; *Buchda*, col. 197; *ders.*, Rechtsmittel im sächsischen Prozeß, S. 309 f.; *Seelmann*, S. 185, der das Eindringen der Begriffe „appellare" und „provocare" bis zum 11. Jhdt. untersucht und zu demselben Ergebnis kommt.

1. Der Instanzenzug zum Reichskammergericht

Deshalb ist es auch nicht möglich, die Salvatorische Klausel des § 31 der Reichskammergerichtsordnung zur Lösung heranzuziehen, wie es Smend tut[19].

Denn unter der Voraussetzung, daß der Reichskammergerichtsordnung die gelehrte Appellation zugrunde liegt und deshalb zweifelhaft ist, ob die Appellationsprivilegien der Goldenen Bulle, die die Urteilsschelte betreffen, für diese gelten, erscheint es als unzutreffend, diese Frage mit Hilfe einer einzelnen Bestimmung der Reichskammergerichtsordnung zu lösen. Aus diesem Grunde ist eine differenzierte Lösung angebracht.

Dafür bietet die unmittelbare Vorgeschichte der Errichtung des Reichskammergerichts einige Anhaltspunkte.

Da das Reichskammergericht nach ständischen Wünschen eingerichtet worden ist[20], spricht eine große Wahrscheinlichkeit dafür, daß zumindest die Fürsten, die Appellationsprivilegien besaßen, damit nicht den Zweck verfolgten, ihre Machtstellung zu beeinträchtigen[21]. Diese Auffassung findet eine Stütze darin, daß während der gesamten Vorbereitungen und Verhandlungen bis zur Reichskammergerichtsordnung die Frage der Appellationsprivilegien nur einmal aufgeworfen wurde, nämlich in einem Entwurf der Stände, wo formuliert wird: „Vermeynt ab der churfurst furst oder furstmessige vor die appellation fryheyt zu haben vor dieser ordenung ußgangen der soll solche fryheyt der kommt Camergericht furbringen dargegen auch der widerteyl in recht gehoert soll werden und bescheen waz recht ist[22]." Danach soll also der Fürst, der im Genuß eines solchen Privilegs sich befindet, dieses dem zu errichtenden Kammergericht anzeigen. Eine Schmälerung seiner Rechte war demnach nicht vorgesehen.

In dieselbe Richtung zielt auch die Beobachtung, daß die Appellationsprivilegien der Goldenen Bulle nur einen schon herrschenden Zustand legalisierten, der sich bereits seit dem 13. Jahrhundert herausgebildet hatte[23].

---

[19] S. 59.
[20] *Smend*, S. 8 f.; *Spangenberg*, Reichskammergericht, S. 262; *Kern*, S. 27; *Vinogradoff*, S. 139 f; *Trusen*, S. 207; *Franklin*, Reichshofgericht I, S. 378—380; *Lechner*, S. 70 f.; die Stände selbst haben erheblichen Einfluß auf den Inhalt genommen, da von ihrem Entwurf für eine Kammergerichtsordnung von 1486, bei Zeumer, Quellen, Nr. 172, S. 276 ff., viele Bestimmungen in die RKGO übernommen worden sind, z. B. aus unserem Zusammenhang §§ 20 = 22 RKGO, 22 = 24 RKGO; eine dem § 13 RKGO entsprechende Regelung hatte der Entwurf jedoch nicht.
[21] *Stölzel*, Rechtsprechung 2, S. 134 f.
[22] Mitgeteilt von *Smend*, S. 375 ff., hier S. 383 f.
[23] *Eisenhardt*, S. 76 f.; *Zeumer*, Studien, S. 58; *Coing*, S. 100; *Harnack*, S. 154—156; *Trusen*, S. 180; *Ebel*, S. 49; *Spangenberg*, Reichskammergericht, S. 274 f.; *Stobbe* I, S. 471 f.; *Wolf*, Goldene Bulle, S. 17; a. A. *v. Olenschlager*,

II. Die Appellationsbestimmungen der Reichskammergerichtsordnung

Damit ist der unmittelbare Anlaß für die Erteilung der Privilegia de non appellando in der Goldenen Bulle von 1356 angesprochen, da die Goldene Bulle vorläufig eine staats- und verfassungsrechtliche Entwicklung, die gekennzeichnet ist durch fortwährende Spannungen zwischen Territorialgewalt und Zentralgewalt, zum Abschluß bringt. Die Appellationsprivilegien entfalten tatsächlich ihre Wirkung auf prozessualem Gebiet, doch liegt ihre tiefere Begründung auf verfassungsrechtlichem Boden. Unter diesem Blickwinkel ist also die Frage, ob die Goldene Bulle die Urteilsschelte oder die Appellation des gelehrten Rechts regeln wollte nicht die entscheidende, da die Auswirkungen auf den Prozeß nur Nebenwirkung bleibt und im Vordergrund die Stärkung der territorialen Gewalt steht. Diese hängt aber weitgehend von der Gerichtshoheit ab[24].

Diese Entwicklung setzt fühlbar ein mit der Confoederatio cum principibus ecclesiasticis von 1220, in der die bestehende Gerichtshoheit der geistlichen Fürsten garantiert wird[25].

Den weltlichen Fürsten wird ihre Gerichtsbarkeit, neben anderen Rechten, im Statutum in favorem principum von 1231 bestätigt[26].

Bereits im ersten Drittel des 13. Jahrhunderts beginnt also die Staatlichkeit der einzelnen Territorien. Maßnahmen der Zentralgewalt, die Rechte der Territorialfürsten zu schmälern, blieben dagegen nur Episode, so z. B. der Mainzer Landfriede[27], in dem Friedrich II. zwar die geistliche

---

S. 236, 274. Das Bestreben, sich privilegia de non appellando zu verschaffen, zeigten nicht nur die Territorialfürsten. Koser erwähnt ein Königl. und Kaiserl. Privileg de non appellando für die Abtei Gengenbach aus den Jahren 1275, 1293, 1331, 1353, vgl. Repertorium I, Nr. 143, S. 45. *Hewig* erwähnt einen königlichen Privilegienbrief König Ludwigs IV. von 1315 für Regensburg, daß vom Urteil Regensburger Richter nur an den Rat der Stadt appelliert werden könne, S. 16; vgl. dazu MB LIII, Nr. 307, S. 164 f. und Nr. 278 S. 145 f., Nr. 6.

[24] Vgl. *Hirsch*, S. 207—211, 236.

[25] Zeumer, Quellen, Nr. 39, S. 42; Art. 2, S. 43: „Item nova thelonea et novas monetas in ipsorum territoriis sive iurisdictionibus eis inconsultis seu nolentibus non statuemus de cetero, sed antiqua thelonea et iura monetarum, eorum ecclesiis concessa, inconvulsa et firma conservabimus et tuebimur..."; vgl. *Klingelhöfer*, S. 20 f. In der Folgezeit wurden diese Rechte auch einzelnen Fürsten zuerkannt oder bestätigt, vgl. z. B. das Privileg über die Gerichtshoheit des Erzbischofs von Salzburg von 1278, bei Zeumer, Quellen, Nr. 93, S. 130.

[26] Bei Zeumer, Quellen, Nr. 47, S. 51, § 6: „Item unusquisque principum libertatibus, iurisdiccionibus, comitatibus, centis sibi liberis vel infeodatis *utetur quiete* secundum terre sue consuetudinem approbatam"; vgl. *Klingelhöfer*, S. 76.

[27] MGH, Nr. 196, S. 241 ff. und Zeumer, Quellen, Nr. 58 B, S. 73 ff. In Art. 4 des Landfriedens nimmt der König eine Justizaufsicht auch über die den Fürsten nachgeordnete Richter in Anspruch: „... ut principes nostri et omnes alii, qui iudicia tenent a nobis inmediate, causas coram eis arbitratas secun-

1. Der Instanzenzug zum Reichskammergericht

Gerichtsbarkeit in kirchlichen Angelegenheiten bestätigte, daß aber mit der Einsetzung eines Reichshofrichters und seines Notars ein von der Person des Königs unabhängiges Reichsgericht geschaffen werden sollte, da der König selbst nicht mehr in der Lage war, die Masse der an das Hofgericht gelangenden Rechtsstreitigkeiten unter seinem Vorsitz zu verhandeln[28]. Insbesondere der Notar sollte dazu dienen, eine Art Präjudizienbindung zu schaffen, da er die Endurteile in bedeutenden Rechtsfällen schriftlich niederlegen mußte, um die Rechtsfindung in künftigen Rechtsstreitigkeiten zu erleichtern[29].

Durch die Errichtung des Reichskammergerichts kam kein Stillstand in diese Entwicklung, da nach 1495 die Zahl der Territorien, die Privilegia de non appellando erwarben, immer größer wurde[30].

Somit ist auch unter dem Gesichtspunkt, daß die Appellationsprivilegien den verfassungsrechtlichen Zustand des deutschen Reiches widerspiegeln und ein getreues Abbild des Verhältnisses von Territorial- und

---

dum terrarum racionabilem consuetudinem iusto iudicio terminent et idem precipiant aliis iudicibus, qui sub eisdem sunt et iurisdicionem ab eis tenent. Quod qui non fecerit, districte eum prout iustum fuerit puniemus, ...; vgl. dazu eingehend *Scheyhing*, S. 253, Anm. 8 und S. 226, Anm. 5. Vgl. zu der Tendenz des MRLF, die Rechte der Territorialfürsten einzuschränken ausführlich *Mitteis*, S. 52—56 mit weiteren Nachweisen.

[28] Zur geistlichen Gerichtsbarkeit vgl. c. 1, bei Zeumer, Quellen, S. 73; zur Einsetzung des Reichshofrichters c. 28, S. 77. Allerdings ist ungeklärt, ob die Tätigkeit des Reichshofrichters von der Anwesenheit des Königs im Reich abhängig war, so *Franklin*, Reichshofgericht I, S. 69 und II, S. 63 f., oder nicht, so *Klingelhöfer*, S. 109. Während *Gernhuber*, S. 191 f. und *Spangenberg*, Reichskammergericht, S. 274, zu diesem Problem nicht ausdrücklich Stellung nehmen, schätzt *Sestan*, S. 335, die Bedeutung des Reichshofrichters überhaupt gering ein.

[29] C. 29, bei Zeumer, Quellen, S. 77: „Idem scribet omnes sentencias coram nobis in maioribus causis inventas, maxime contradictorio iuditio optentas, que vulgo dicuntur gesamint urteil, ut in posterum in casibus similibus ambiguitas rescindatur, expressa terra, secundum consuetudinem cuius sentenciatum est"; vgl. dazu *Franklin*, Reichshofgericht II, S. 200 f.

[30] *Stölzel*, Rechtsprechung 2, S. 139 f. mit weiteren Nachweisen; *v. Duhn*, S. 75 f. für Hamburg und Lübeck mit weiteren Nachweisen; *v. Below*, S. 124; *Lechner*, S. 22.
Wann Bayern das Privileg erhalten hat, kann nicht genau festgestellt werden, vgl. *Rosenthal*, Geschichte des Gerichtswesens I, S. 12—14, da ein Privilegium de non appellando illimitatum erst 1620 erteilt wurde, vgl. *Lieberich*, Ratgeber, S. 99; *ders.*, Reichskammerprozesse, S. 422; *Spindler* II, S. 560. Limitierte wurden schon vorher in mehreren Fällen erteilt, so z. B. von Friedrich III. für interlocutoria vim definitivae non habentes, vgl. dazu die Landesordnung für Bayern-Landshut von 1474, bei Krenner, Band 7, S. 475 ff. S. 511, und dazu *Schlosser*, S. 29.
Weiter sind zu nennen Privilegium illimitatum de non appellando für Württemberg, bei Harpprecht II, § 26, S. 42; Privilegium de non appellando puncto solemnium appellat für die Stadt Nürnberg von 1494, § 27, S. 43; Privilegium de non appellando für die Reichsstadt Eßlingen, wenn die Hauptsache 20 fl nicht übersteigt, von 1506, § 254, S. 83; Stadt Hagenau, 1497, bei Koser, Repertorium II, Nr. 547, S. 70.

Zentralgewalt sind, anzunehmen, daß sie 1495 bei Errichtung des Reichskammergerichts fortgelten, da sich an der unabhängigen Stellung der Territorien gegenüber dem Reich nichts geändert hat und die Reichskammergerichtsordnung auch nicht die Tendenz hatte, die Rechte der Fürsten zu beschneiden, da diese durch § 31 ausdrücklich bestätigt wurden.

Nicht ganz zweifelsfrei ist auch die Prämisse, ob die Goldene Bulle die Urteilsschelte oder schon die gelehrte Appellation im Auge hatte. So erwähnt nämlich bereits der Richtsteig Landrechts von 1333/34[31] die Prozeßstruktur, die dem gelehrten Prozeß zugrunde liegt: „Wente denne en gerichte wert van dren personen, dat is von deme richtere unde van deme clegere unde van deme antwerdere", Cap. 1, § 1. Der Verfasser übersetzt also schlicht das lateinische Vorbild, ohne auf die nach dem Verfahren der Urteilsschelte maßgeblich am Gerichtsverfahren beteiligten Urteilsfinder einzugehen. Dieser Umstand fällt besonders deshalb auf, weil der Verfasser sonst ganz dem Gerichtsverfahren nach dem Sachsenspiegel folgt[32]. Es handelt sich bei dem angeführten Beispiel zwar nur um ein einzelnes, doch sehr anschauliches, da mit der Bereitschaft, das gelehrte Recht anzunehmen, das Bewußtsein schwindet, daß dieses etwas wesentlich Anderes sei. Auf dieser Linie liegt auch die Aussage der Glosse zum SspLdr II, 12, 6, „Vrtelschelden heist zu Sachssenrecht souiel alß appellieren"[33], wo also zwischen der Urteilsschelte und der Appellation des gelehrten Rechts kein Unterschied in der Sache gesehen wird.

Dieser Eindruck wird auch bestätigt durch die Rechtsprechung des Reichshofgerichts bzw. des königlichen Kammergerichts[34] vor 1495, da seit Mitte des 15. Jahrhunderts das Eindringen der gelehrten Appellation zu beobachten ist.

In einem Fall von 1443[35] treten in der Urkunde nebeneinander „dingen" und „berufen" auf, obwohl das dabei verfolgte Verfahren nicht eindeutig Urteilsschelte oder Appellation zugeordnet werden kann, da „ die beid urtailn enander widerwertig gewesen sein, sin sy der zu rechten zeiten und in jarsfrist zu luttrung fur unser kuniglich camer-

---

[31] Verfasser ist Johann von Buch, vgl. *Homeyer*, Rechtsbücher, S. 41.
[32] Cap. 49 RLdR.
[33] Fol. CXCIX.
[34] Hofgericht und Kammergericht bestanden lange Zeit nebeneinander; der Ursprung des Kammergerichts ist ungewiß, vgl. *Franklin*, Reichshofgericht I, S. 340—342; *Lechner*, S. 43—54. Seit 1450/51 gibt es nur noch das Kammergericht, *Franklin*, Reichshofgericht I, S. 343; *Lechner*, S. 58; *Harpprecht* I, § 48, S. 46 und S. 52—58.
[35] Der Fall ist mitgeteilt von *Franklin*, Königliches Kammergericht, S. 48, Nr. IV; zum Eindringen der Appellation in das Verfahren vor dem Kammergericht, vgl. *Franklin*, Königliches Kammergericht, S. 36—42.

1. Der Instanzenzug zum Reichskammergericht

gericht nachkommen, welche urteil under den zweyen die gerechter wer und bey krefften besteen und beliben sollt". Es tritt in diesem Fall also die Jahresfrist des gelehrten Rechts zur Durchführung einer Appellation auf[36], die später dann in § 14 der Kammergerichtsordnung Friedrichs III. von 1471 gesetzlich geregelt wird[37]. Bei der an den König gerichteten Frage weist der Umstand, daß das gerechtere Urteil bestehen bleiben solle, auf die Urteilsschelte hin, „welk ordel under dessen twen dat rechteste si"[38]. Der Nachsatz „und bey krefften besteen und beliben sollt" nimmt diesem Argument insofern wieder die Überzeugungskraft, als sich aus der Vorgeschichte des Rechtsstreits ergibt, daß es sich bei beiden Urteilen um Urteile verschiedener Instanzen handelt. Damit kann die Entscheidung des Königs nur dahin gewollt sein, daß er eines der sich widersprechenden Urteile bestätigt und damit den Rechtsstreit endgültig abschließt. An das bei der Urteilsschelte übliche Wiedereinbringen des Urteils der höheren Instanz ist offensichtlich nicht gedacht, so daß anzunehmen ist, daß es sich bei dem Urteil des Königs um eine echte Sachentscheidung handelt[39].

Das Problem der Zulässigkeit neuen Vorbringens stellt sich in einem Rechtsstreit aus dem Jahre 1455[40]. Daß diese Frage überhaupt als problematisch angesehen wird, unterstützt die Auffassung, daß nach dem Verfahren der Urteilsschelte neue Tatsachen und Beweismittel in der höheren Instanz ausgeschlossen seien, während dieses Recht im gelehrten Prozeß anerkannt ist[41]. In einem anderen Verfahren von 1472[42] hat das Kammergericht als Appellationsgericht dann Beweis erhoben, so daß aus dieser Tatsache geschlossen werden kann, daß die Zulässigkeit von Nova schon länger anerkannt war.

---

[36] Vgl. Durantis, Speculum iudiciale, 7 § Nunc, S. 854: „Nunc breuiter transcurrendum est, intra quae tempora debeat appellatio exerceri. Dic, quod regulariter intra annum, vel ex iusta causa intra biennium"; Dekretale X 2, 28, 5: „annus indulgetur aut ex necessaria et evidenti causa biennium".

[37] Bei Zeumer, Quellen, S. 272: „so orden und sezen wir, ..., nu fürter nicht schuldig sey, das jare auswarten, das dann den, die appelliren, zu volfürunge derselben ihrer appellation im rechten zugeben ist, sundern sie mögen nach verlaufen sechs monaten von der zeit der appellation vor unserm gericht erscheinen, instrument solcher appellation und der verkündigung fürbringen, darauf ladung erlangen und die appellation prosequiren".

[38] Cap. 50, § 5 RLdR.

[39] Vgl. Art. 55 SspLdR, S. 138: „Swenne se den koning erst ereschet binnen sassescher art, so scolen se to hove varen, unde dar na over ses weken dat ordel weder brengen"; ebenso Cap. 49, § 5 a.E. RLdR, S. 310.

[40] Bei *Franklin*, Königliches Kammergericht, S. 59, Nr. XXXIII: „wann es ain gemain recht were, das in hangenden rechten *nichz vernewet*, noch ein parti wider die andere ichtz mit nuwekeit fürnemen noch handeln solte, sundern was in hangenden rechten von einem teil wider den andern von nuwekeit fürgenomen ward, das soll vor allen dingen ab sin", S. 60.

[41] Vgl. oben I, Anm. 22.

[42] Bei Franklin, Königliches Kammergericht, Nr. LI, S. 75 f.

Bei dieser Durchlässigkeit zwischen Urteilsschelte und Appellation im 14. und dann verstärkt im 15. Jahrhundert kann die Ausgangsposition, daß die Appellationsprivilegien der Goldenen Bulle das Verfahren der Urteilsschelte und nicht das der Appellation des gelehrten Rechts regelten, in dieser Ausschließlichkeit nicht aufrecht erhalten werden. Im Hinblick darauf, daß Sachsenspiegelglosse und Richtsteig Landrechts bereits vor der Goldenen Bulle geschrieben wurden, ist nicht anzunehmen, daß eine Trennung der Rechtsmittel bewußt aufrecht erhalten wurde. Gerade die späteren Prozesse zeigen, wie die einzelnen Elemente von Urteilsschelte und Appellation in einander übergehen.

Es ist deshalb unter allen aufgeführten Gesichtspunkten davon auszugehen, daß die Appellationsprivilegien 1495 noch gegolten haben und danach auch weiter in Geltung sind.

Für die Territorien, die solche Appellationsprivilegien besaßen, bewirkten diese im Zusammenhang mit der Anordnung von § 13 Reichskammergerichtsordnung, daß die Appellation gradatim verfolgt werden müsse, den Ausschluß der Appellation an das Reichskammergericht, da eine Übergehung des nächsten zuständigen Obergerichts nicht möglich war.

Neu war bei Inkrafttreten der Reichskammergerichtsordnung nur diese Auswirkung, nicht dagegen die Bestimmung, daß Berufungen nicht unter Überspringen einer Instanz erfolgen dürfen, da es sich dabei nach Krause[43] um einen ungeschriebenen Satz des Reichsrechts handelt.

Einen bestimmten Instanzenzug kennen bereits Sachsen- und Schwabenspiegel[44]. Ob dieser eingehalten werden muß, kann aus der reinen Aufzählung der Stufen nicht geschlossen werden. Ein Indiz dafür, daß der Instanzenzug einzuhalten ist, bietet aber der Abschluß „to lest" mit der Spitze im König.

Diese Auffassung wird bestätigt durch die Glosse zu Sachsenspiegel II, 12, 7, die dieses Problem erörtert: „Nach vnserm Rechten schildt man ein vrtel von *erst* von einer stadt zu der andern / vnnd *forthan* vor den Marggraffen vnnd dann *zuletzt* vor den Konig. Nach dem Keyserrechten beruffet man sich von einem Richter zu dem andern auffwarts. Darumb ob sich einer an ein höhern Richter beruffete, dann er het thun sollen / derselbige weiset ihn doch herundter wieder zu ruck an den, an den er sich solt zu erst beruffen haben[45]." Die Glosse unterscheidet zwar

---

[43] *Krause*, Kaiserrecht, S. 79 f.; *Franklin*, Reichshofgericht II, S. 205.
[44] Art. 55 SspLdR und Art. 114 a SchwspLdR; ganz deutlich ist hier RLdR Cap. 50, §§ 3 ff., S. 314 ff.
[45] Fol. CCII.

"nach dem Keyserrechten" und "vnserm Rechten", doch ist daraus nicht zu schließen, daß nach Sachsenspiegel und Richtsteig die Einhaltung des Instanzenzuges nicht streng gewahrt wurde, da auch diese einen Instanzenzug kennen. Die Möglichkeit der Verweisung an den zuständigen Richter bei Überspringen einer Instanz beschränkt sich dagegen auf das Kaiserrecht.

Diese Frage wird auch im gelehrten Recht diskutiert, allerdings unter dem Gesichtspunkt, daß der Appellant einem Irrtum darüber, wer der höhere Richter ist, an den appelliert werden muß, erliegt. Diese Problematik spricht bereits Ulpianus in D. 49, 1, 1, 3[46] an. Ulpianus zieht dabei in Betracht, daß an einen niederen als den iudex a quo appelliert wird. In diesem Fall soll der Irrtum schädlich sein. Wenn dagegen an einen höheren Richter appelliert wird, schadet der Irrtum auch dann nicht, wenn dieser nicht der zuständige ist. Irrtum ist allgemein dahin zu verstehen, daß der iudex ad quem, der angerufen wird, unzuständig ist. Schaden bedeutet in diesem Zusammenhang, daß die Frist für die Einlegung der Appellation, "decendium", läuft und deshalb eine Korrektur, die Einlegung der Appellation beim zuständigen Richter, nur innerhalb dieser Frist möglich ist. Andernfalls wird das Urteil des Erstrichters rechtskräftig[47].

Diese Problematik wird nach Errichtung des Reichskammergerichts nach 1495 aktuell, da bei der Bildung der Instanzenzüge für die appellierende Partei nicht immer sicher ist, welches Gericht das "nechst ordenlich Obergericht" im Sinne von § 13 Reichskammergerichtsordnung ist[48]. Wie der Fall zu behandeln ist, daß der Appellant das unzu-

---

[46] „Si quis in appellatione erraverit, ut puta cum alium appellare deberet, alium appellaverit, videndum, an error ei nihil offuit. et si quidem, cum maiorem iudicem appellare deberet, ita eravit, ut minorem appellet, error ei nocebit: si vero maiorem iudicem provocavit, error ei nihil oberit". Die dritte Variante, die Ulpianus erörtert, daß an einen gleichrangigen Richter appelliert wird, kann außer Betracht bleiben, da sie in diesem Zusammenhang keine Rolle spielt.

[47] „Si quis appellauerit ad minorem iudicem error ei nocebit. Nam sententia transibit in rem iudicatam", Goffredus de Trano, Summa, Tit. De appellationibus, Nr. 4, fol. 119 a.

[48] *Stölzel*, Richtertum, S. 173: „Besonders charakteristisch ist es denn auch, daß bis zur Mitte des sechzehnten Jahrhunderts nicht selten Rechtsfälle vorkommen, in denen die Partei nicht weiss, an wen sie mit ihrer Appellation sich wenden soll". Die Parteien behelfen sich damit, daß sie kein bestimmtes höheres Gericht in ihrer Appellation bezeichnen, um Nachteile aus einer fehlerhaften Appellation zu vermeiden: „C. B. . . . appellirt an seine Fürstl. Gnaden oder deren Canzlei vor Statthalter und andere Hofräthe *oder wohin sich sonst gebühren will*", mitgeteilt von *Stölzel*, Richtertum, Anl. 10, 1535 a. E., S. 122; vgl. dazu *Stölzel*, S. 173 mit weiteren Nachweisen. Nach Urbach, Processus iudicii, reicht es aus, wenn die appellierende Partei den höheren Richter nur dahin bestimmt: „appello ad maiorem", Pars 3, Cap. 41 „De appellationibus", S. 253; diese Praxis ist also vergleichbar.

II. Die Appellationsbestimmungen der Reichskammergerichtsordnung

ständige Obergericht angegangen hat, regelt die Reichskammergerichtsordnung dahin, daß das Reichskammergericht diese Appellation nicht annehmen soll. Irgendwelche Heilungsmöglichkeiten, z. B. durch Verweisung, sind nicht vorgesehen, so daß die Appellationsfristen laufen und deshalb bei Ablauf der Frist gegebenenfalls das Ersturteil rechtskräftig wird. Diese Konstellation weicht aber von der des gelehrten Rechts ab, da nicht die Instanzenfolge ausschlaggebend ist, sondern für das Eingangsgericht immer nur ein ganz bestimmtes Gericht das zuständige Obergericht ist.

Die Glosse gelangt also bei der Appellation an den unzuständigen Richter zu einer selbständigen Lösung, da die Quellen des gelehrten Rechts die von Ulpianus vorgezeichneten Wege nicht mehr verlassen[49] und die Fragestellung dort nicht auf das Überspringen einer Instanz gerichtet ist, sondern allgemein auf die Anrufung des unzuständigen Richters bezogen ist.

Zentrale Bedeutung für die Frage hat ein Mandat Heinrichs VI.[50]. Dieses wird allgemein als Anordnung, bei Einlegung eines Rechtsmittels den Instanzenzug einzuhalten und keine Instanz zu überspringen, angesehen[51]. Diese Auffassung ist unzutreffend, wie eine Analyse dieses Mandats ergibt: „Heinricus... Conquestus est nobis dilectus noster Spirensis episcopus quod, cum ipse et sui iudices in iudicio sedeant et de aliquo vestrum habeatur querimonia, *statim ante latam sententiam* ille de quo movetur querimonia subterfugii ac dilationis causa absque termino prefixo ad nostram presenciam appellare soleat. Unde talem insolenciam a vobis supportare nolentes, vobis mandamus et districte precipimus, ne aliquis vestrum de cetero a presencia predictorum iudi-

---

[49] Es besteht in dieser Frage eine weitgehende Übereinstimmung zwischen Kanonistik und Legistik, vgl. Rufinus, Summa zu C. 2 qu. 6: „Debet autem fieri appellatio semper a minori iudice ad maiorem. Unde si quis, cum ad maiorem iudicem appellare debet, ita erret, ut ad minorem appellet, error ei nocebit; si vero maiorem, quamvis alium, error ei non oberit", S. 251; dieselbe Auffassung vertritt Stephan von Tournai zu C. 2 qu. 6, S. 173. In der Legistik differenziert Azo gegenüber Placentinus, Summa Codicis, 7, 63, S. 358, dahin: „Sed distingue vtrum appellauerit ad minorem, cum deliberauerit appellare ad maiorem, vt cum debuit appellare ad imperatorem, appellauit ad praesidem: tunc enim error ei nocebit. Si vero maiorem iudicem prouocauit et debuit minorem, error ei non oberit, vt ff. eod. L. 1 §. 1. quis in appellatione 1. imperatores", Azo, Lectura ad Codicem, 7, L. 28. Ein Irrtum ist also nur dann unschädlich, wenn an einen höheren Richter appelliert wird. Der Tractatus de iudiciis führt noch sehr feine Kriterien für den Irrtum ein, da er danach unterscheidet, ob eine Appellation wissentlich, „scienter", oder nicht, „ignoranter", an den unzuständigen Richter eingelegt wird, vgl. Tit. 19, De appellatione, § 1, S. 145.

[50] Bei Zeumer, Quellen, Nr. 22, S. 27.

[51] *Krause*, Kaiserrecht, S. 80 mit Anm. 381; *Franklin*, Reichshofgericht II, S. 205 f.; *v. Maurer*, Bd. 3, S. 753 f.

1. Der Instanzenzug zum Reichskammergericht

cum ad nostram vel alterius iudicis presenciam appellare *ante latam sentenciam; sed post latam sentenciam, antequam approbata fuerit*, a gravamine et iniuria sibi illata appellare poterit, litteris tamen eorundem iudicum ad nostram presenciam delatis, que veritatem rei et modum appellacionis contineant et terminum ei prefixum, ut inspecto earum tenore iuxta sentenciam, quam curia nostra dictaverit, super hoc rescribere sciamus." Das Mandat behandelt also das Problem, daß der König bereits *vor gescholtenem Urteil* angerufen wird, „ante latam sentenciam", da der Gegensatz zu „post latam sentenciam, antequam approbata fuerit" ergibt, daß diese Möglichkeit dann eröffnet ist, bevor das Urteil bestätigt wird, da die Bestätigung das Recht zur Urteilsschelte ausschließt[52]. Demnach muß ein Ureil vorliegen und bevor weiter gefragt wird oder dieses Urteil das Vollwort erhält, muß das Urteil gescholten werden: „sed post latam sentenciam, antequam approbata fuerit, a gravamine et iniuria sibi illata appellare poterit[53]." Denkbar wäre auch eine Auslegung des Mandats dahin, daß sich der König mit der kanonischen Appellation ante sentenciam auseinandersetzt.

Nach kanonischem Recht konnte bereits vor dem Urteil appelliert werden, da eine Appellation gegen jedes gravamen statthaft war[54]. Eine Appellation war also immer möglich, wenn die Partei sich durch ein gravamen des Richters beschwert fühlte. Die Auslegung des Mandats unter diesen Gesichtspunkten würde damit ergeben, daß der König eine Appellation gegen ein gravamen ausschließt und die Appellation nur gegen Endurteile zuläßt. Da es sich um den Bischof von Speyer handelt, wäre eine solche Auslegung möglich, da die geistliche Gerichtsbarkeit schon seit dem frühen 13. Jahrhundert den römisch-kanonischen Prozeß kennt[55]. Damit würde sich dieselbe Problematik wie in Cod. 7, 65, 4 a ergeben, zumal in beiden Texten der Gesichtspunkt der Verzögerung angesprochen wird, „dilatio".

Gegen diese Überlegung spricht, daß von einer Bestätigung des Urteils die Rede ist. Eine solche kennt das gelehrte Recht nicht, da außer dem Richter keine weiteren Personen an der Rechtsprechung beteiligt sind. Sein Urteil wird also bereits mit der Verkündung wirksam. Es wird also durch die vorzeitige Anrufung des Königs keine Instanz übersprungen, sondern die Gerichtshoheit des Bischofs mißachtet, da die Verhandlung vor diesem noch nicht abgeschlossen ist, wenn kein Urteil gefunden ist, das gescholten werden kann.

---

[52] Vgl. oben I 2 Anm. 10.
[53] Damit ist die Auffassung Franklins, S. 207, das Mandat regele die gelehrte Appellation, widerlegt.
[54] Vgl. dazu 4. Kapitel.
[55] Vgl. dazu Einleitung.

32   II. Die Appellationsbestimmungen der Reichskammergerichtsordnung

Eindeutig festgelegt wird der Grundsatz, daß eine Berufung nur stufenweise verfolgt werden darf, von seiten der Kaiser erst im 15. Jahrhundert.

So stellt Kaiser Sigmund in einer Urkunde von 1437 fest, „daz nach kayserlichen rechten alle beruefung an den nechsten obern geschehen sullen"[56]. Dieselbe Frage wird dann noch einmal in einem Privileg von 1447[57] aufgegriffen. Albrecht II. kennzeichnet den Grundsatz im Landfriedensentwurf von 1438[58] dahin, „und würd auch iemand an sollichen gerichten gesweret, der mag sich beruffen fur den nechsten oberrichter desselben gerichts".

Die Begründung für diese Regelungen weist wieder auf die erstarkende Staatlichkeit der Territorien hin, „wann wir yedermann sein oberkeit unversert handhaben sullen und wollen"[59], so Kaiser Sigmund 1437. Dem entspricht auch, daß der König in dem Privileg von 1447 die Regelung erst auf Vorstellung des Herzogs Albrecht getroffen hat, „Wir Friedrich... bekennen und tun kund allen den, die diesen brieve lesen oder hoeren lesen, das uns der hochgeborn Albrecht... diemuetigklich gebetten hat,..."[60]. Dagegen kommt ein anderer Gesichtspunkt bei der Einhaltung des Instanzenzuges, nämlich die Entlastung der oberen Gerichte, nur in den Territorien zum Tragen[61].

§ 13 dient also mit seiner Forderung, daß eine Appellation „gradatim" durchzuführen ist, einmal der Rechtspflege, da dadurch der Instanzenzug für jedes Territorium geordnet wird. Sehr viel folgenreicher sind die politischen Auswirkungen, da dadurch die entgegengesetzten Interessen der Zentralgewalt und der Fürsten ausgeglichen werden, da die Fürsten durch § 13 gegen eine Mißachtung ihrer Gerichtshoheit ge-

---

[56] Bei *Müller*, S. 339.

[57] Mit diesem Privileg für den Herzog von Bayern wird für den Bezirk des Landgerichts Hirschberg ein Drei-Instanzen-Zug eingeführt, da die nächste höhere Instanz über dem Landgericht das Hofgericht in München ist und von dort noch eine Rechtsmittelmöglichkeit an das königliche Kammergericht besteht; vgl. dazu *Rosenthal*, Gerichtswesen I, S. 106 f.; *Müller*, S. 212, 290; *Stölzel*, Rechtsprechung 2, S. 142. Der Text findet sich bei *Müller* S. 341: „wenn das gemaine recht seie, wer von einem nidern richtern appellirn oder dingen wolt, das der an den nechsten obern richter sich dingen soelle,...", war das Anliegen des Herzogs — seinem Wunsche wurde dann voll entsprochen.

[58] Bei Zeumer, Quellen, Nr. 165 A, Kap. 8, S. 254.

[59] Bei *Müller*, S. 339.

[60] Bei *Müller*, S. 341.

[61] Das gilt besonders dann, wenn die Statthaftigkeit der Appellation von einer bestimmten Beschwer abhängig gemacht wird, vgl. dazu z. B. das württembergische General-Reskript, den Appellations-Prozeß betreffend (2. Okt. 1486), bei Reyscher, 4. Band, Nr. 26, S. 28: „also daß fuerohin kein appellacion für Unser Hofgericht zu gescheen gestatt — oder angenommen werden soll, die Hauptsach sye dann Zwainzig Pfund Heller wertt oder darob".

1. Der Instanzenzug zum Reichskammergericht

schützt werden[62]. Damit folgt diese Regelung den bisherigen Grundsätzen. Für die Territorialfürsten, die sich im Besitz von Privilegia de non appellando befinden, ist weiter gewährleistet, daß der Rechtszug im Territorium endet, da „appellaciones contra hoc factas non recipi statuimus cassasque et irritas nunciamus"[63] und eine Umgehung im Wege einer appellatio per saltum durch § 13, „gradatim", ausgeschlossen ist.

In der gekennzeichneten Bedeutung, daß „gradatim" eine stufenweise Durchführung der Appellation verlangt, entspricht diese Regelung der Auffassung der Legistik.

Während Placentinus zu dieser Problematik nur kurz Stellung nimmt, „ad iudicem superiorem appellandum est, non tamen ad omnem superiorem iudicem"[64], kennzeichnet Azo den zuständigen höheren Richter genau: „appellatio debet fieri ad superiorem, id est eum qui est *in gradu proximo superiori* qui tulit sentenciam[65]." In diesem Zusammenhang begegnet auch eine Formulierung, die der Glosse als Vorbild gedient haben könnte[66]. Bei einer Appellation unter Überspringen der dazwischen liegenden Instanzen folgt bei einer Appellation an den Princeps Verweisung: „Appellatio fiat ad principem omissis his ad quos debuerit fieri ad presidem remittitur[67]." Die Verweisung ist also nur für diesen besonderen Fall vorgesehen[68].

Für die Legistik gilt somit auch der Grundsatz, daß gradatim appelliert werden muß und das Überspringen einer Instanz grundsätzlich unzulässig ist.

Dasselbe gilt für die Kanonistik mit dem wichtigen Unterschied, daß von jeder Instanz aus unter Auslassung der dazwischen liegenden an den Papst appelliert werden kann. Diese Ausnahme gilt aber nur für die Appellation an den Papst: „Illud sciendum est, quod omissis mediis tacite ad papam appellari potest propter plenitudinem potestatis..."[69]

Diese Lehre vertritt schon Gratian zu C. II qu. 6 c. 8, wo er ausführt, daß an den Papst immer, auch unter Überspringen einer Instanz, appel-

---

[62] Ich folge der Auffassung von *Smend*, S. 55.
[63] Cap. XI der Goldenen Bulle, S. 203.
[64] Summa Codicis zu 7, 64, S. 358.
[65] Summa Codicis zu 7, „De appellationibus et consultationibus", nach der Ausgabe Corpus Glossatorum, S. 289.
[66] Vgl. oben II 1 Anm. 45.
[67] Azo, Summa Codicis, S. 289.
[68] Diese Lehre geht zurück auf D. 49, 1, 21 § 1: „Imperatores Antoninus et Verus rescripserunt appellationes, quae recto ad principem factae sunt omissis his, ad quos debuerit fieri ex uno ordine et praesides remitti. Idem rescripserunt ab iudice, quem a praeside provinciae quis acceperat, non recte imperatorem appellatum esse ideoque reverti eum ad praesidem debere".
[69] Ordo des Martinus de Fano, bei Wahrmund I, S. 21.

II. Die Appellationsbestimmungen der Reichskammergerichtsordnung

liert werden kann: „Ad Romanam ecclesiam ab omnibus, maxime tamen ab obpressis est appellandum, et concurrendum *quasi ad matrem, ut eius uberibus nutriantur, auctoritate defendantur, a suis obpressionibus releuentur, quia non potest nec debet mater obliuisci filium suum.*"

Unter den Nachfolgern Gratians stellt Rufinus[70] zu C. II qu. 6 fest, daß die Appellation immer an den höheren Richter zu richten ist, „debet autem fieri appellatio *semper a minori iudice ad maiorem*", während erst Stephan von Tournai[71] den genauen Instanzenzug erläutert: „Inter ecclesiasticas personas *ex regulari iure* ab his, qui minores sunt episcopis, ut archidiaconi et similes, appellandum est ad episcopos, ab episcopis ad archiepiscopos, ab archiepiscopis ad primates vel ad patriarchas, a primatibus vel patriarchis ad apostolicum[72]." Der Instanzenzug, den Stephan zeigt, baut also auf der kirchlichen Hierarchie auf.

Für den Inhalt von „gradatim" ergibt sich somit bei Gratian und den älteren Dekretisten Rufinus und Stephan von Tournai, daß sie davon ausgehen, daß eine Appellation stufenweise zu verfolgen ist und nur an den Papst von jeder Stufe aus — unter Überspringen der dazwischen liegenden — appelliert werden kann. Die entgegengesetzte Auffassung Jacobis[73], daß innerhalb des Instanzenzuges Stufen übersprungen werden können, ist aus den Quellen nicht zu begründen[74]. Eine weitere Stütze findet diese Auffassung in C. II qu. 6 c. 28 § 2 des Dekrets, wo festgestellt wird, daß eine Appellation fehlerhaft ist, wenn die Stufenfolge nicht eingehalten ist, „ne causa non gradatim procedere, sed perperam uideatur". Diese Stelle hätte keinen Sinn, wenn man der Auffassung Jacobis folgen wollte, da in der Kirche schon immer anerkannt war, daß immer und von jeder Stufe aus an den Papst appelliert werden kann[75].

---

[70] Rufinus, Summe zum Dekret, verfaßt zwischen 1157—1159, *Kuttner*, Repertorium, S. 132; Text, S. 251.

[71] Stephan von Tournai, Summe zum Dekret, geschrieben um 1160, vgl. *Feine*, S. 280.

[72] S. 174.

[73] S. 241.

[74] Vgl. Glosse zu C. II qu. 6 c. 11 „Auditionem": „Vt hic quod non licet appellari ad Apostolicum omisso metropolitano, vt. j.q.7. metropolitanum et s. e. si quis putauerit. et ff. de appel. Imperatores. Sed non tenet hoc in foro ecclesiastico. s. ea. si quis. sed sub audi, maxime", col. 870 f.

[75] Vgl. *Hergenröther*, S. 8 f. und 18 mit weiteren Nachweisen für die Zeit vor Gratian; vgl. dazu Glosse zu C. II qu. 6 „Ad quem sit appellandum", col. 865: „Appellatur autem a minori ad maiorem, et gradatim, vt j. ea. anteriorum. C. de app. praecipimus. *excepto Papa*, ad quem omnibus praetermissis appellatur, vt j.ea.c.3.4. et 5". Die Glosse des Johannes Teutonicus ist kurz vor dem IV. Laterankonzil von 1215 entstanden, vgl. *Kuttner*, Repertorium, S. 93, gegen *Schulte* I, S. 173.

Einen interessanten Gesichtspunkt erörtert die Summa Parisiensis[76], da in Rechtsstreitigkeiten von geringer Bedeutung die höheren Richter nicht bemüht werden sollen, da sonst die Kosten den Streitwert übersteigen können: „Docet ergo quod in parvo negotio non est appellandum ad majores judices cum scilicet plus erunt expensae quam negotium[77]." Über den oben erwähnten Grund für die Erteilung von Appellationsprivilegien hinaus, könnte für die Erteilung limitierter Appellationsprivilegien dieser Gesichtspunkt maßgebend gewesen sein.

Über diese Frage besteht keine Einigkeit, da die Dekretale X 2, 28, 11 die Appellation in Rechtsstreitigkeiten von geringem Wert zuläßt: „De appellationibus vero pro causis minimis interpositis volumus te tenere, quod eis, pro quacunque et quantulacunque levi causa fiant, non minus est, quam si pro maioribus fierent, deferendum." Eine Appellationssumme findet sich schließlich bei Damasus: „Item in minima re, quae consistit infra XL solidos, non appellant illi, qui sunt remoti a curia[78]."

Die prozessuale Behandlung einer Appellation, die nicht gradatim vorgenommen wird, regelt eine Dekretale von Honorius III., X 2, 28, 66: „Ex parte dictorum prioris et conventus fuit excipiendo propositum, quod, quum omisso dioecesano episcopo fuisset ad eundem archiepiscopum appellatum, *ad quem gradatim fuerat appellandum,* in causa ipsa de iure procedere non poterat, nec debebat. Sed quia dictus officialis archiepiscopi huiusmodi *eorum exceptionem* admittere denegabat, ipsi ad nostram audientiam appellarunt. At ille, ipsorum appellatione contempta, suspensionis et interdicti tulit sententias in eosdem. Quocirca discretioni vestrae mandamus, quatenus, si dictas sententias post huiusmodi appellationem inveneritis esse latas in eos, denuncietis eas penitus non tenere."

Die Dekretale bestätigt also, daß innerhalb des Instanzenzuges gradatim appelliert werden muß, während von jeder Stufe aus eine Appellation an den Papst zulässig ist. Neu in diesem Zusammenhang ist die Einrede, „exceptio". Die Partei, die nicht appelliert hat, kann also einredeweise geltend machen, die appellierende Partei habe den Instanzenzug nicht eingehalten. Wenn der iudex ad quem, vor dem verhandelt wird, diese Einrede zurückweist, obwohl er nicht zuständig war nach dem einzuhaltenden Instanzenzug, kann der Appellat darauf die Appellation stützen.

Umgekehrt ist damit aber den Parteien im Gegensatz zu § 13 Reichskammergerichtsordnung, wo das Reichskammergericht von Amts wegen

---

[76] Die Summe ist um 1170 verfaßt, vgl. *Kuttner,* S. 177.
[77] S. 109.
[78] Bei Wahrmund, V, 4, S. 60 f.
Diese Beschwerdesumme von XL solidi hat Damasus von der Dekretale 2, 19, 12 (Clemens III.) der 2. Compilatio übernommen, vgl. bei *Friedberg,* S. 78 f.

II. Die Appellationsbestimmungen der Reichskammergerichtsordnung

die Einhaltung des Instanzenzuges beachten muß, die Möglichkeit gegeben, diesen unzuständigen Richter zu prorogieren, da der Appellat seine Einrede, es sei nicht gradatim appelliert, nicht vorbringen muß, sondern sich auf eine Sachverhandlung einlassen kann. Von dieser Möglichkeit geht auch Hostiensis aus, während Sinibaldus Fliscus[79] und Goffredus de Trano[80] diese Frage nicht aufgreifen: „Verum secundum canones ita tenendum est quod gradatim facienda est appellatio ... si omittatur iudex medius appellatio non valebit: adeo quod si hec exceptio proponatur coram iudice ad quem appellatum est omisso medio et ipsam non admiserit iuste appellabitur ab eodem. vt.j.eo.dilecti filii prior et conventus de lacu rubeo[81]."

Die Parteien können also die Appellationsinstanz nur bei der kanonischen Appellation dadurch vereinbaren, daß der Appellat seine Einrede nicht vorbringt. Dagegen ist dieser Weg nach der legistischen Auffassung nicht eröffnet. Insofern hat gradatim nach der legistischen Lehre dieselbe Bedeutung wie sie später in der Reichskammergerichtsordnung, § 13, begegnet.

§ 13 Reichskammergerichtsordnung regelt den Instanzenzug zum Reichskammergericht dahin, daß eine Appellation nur gradatim, d. h. stufenweise, durchgeführt werden kann. Dieser Instanzenzug ist nur für solche Territorien eröffnet, die nicht im Besitz von privilegia de non appellando sind. Diese Appellationsprivilegien können beschränkt auf bestimmte Urteile oder Streitwerte oder unbeschränkt erteilt werden. Unbeschränkte Appellationsprivilegien enthält schon die Goldene Bulle von 1356 für die Kurfürsten. Sie erhalten mit Inkrafttreten der Reichskammergerichtsordnung eine vielfältige Bedeutung dadurch, daß die Appellation durch die Appellationsbestimmungen in Verbindung mit der Forderung nach Einhaltung des Instanzenzuges durch § 13 Reichskammergerichtsordnung in diesen Territorien nicht mehr bis zum Reichskammergericht durchgeführt werden kann, da andernfalls eine unzulässige appellatio per saltum gegeben wäre. Die Fälle der Rechtsverweigerung sind davon ausgenommen mit Ausnahme des Appellationsprivilegs für den König von Böhmen nach Cap. VIII der Goldenen Bulle.

Die Fortgeltung der Appellationsprivilegien der Goldenen Bulle war 1495 nicht unbestritten, da 1356 noch kein Reichskammergericht bestand und zwischenzeitlich auch die Ausübung dieses Rechts durch einige der

---

[79] Anlaß für eine Stellungnahme wäre Lib. II, Tit. 28, cap. 75, „gradatim" gewesen.

[80] Summa zu 2, 28, „gradatim", fol. 119 a ff.

[81] Summa Hostiensis, 2, 28, cap. 4 „A quo et ad quem debeat appellatio fieri", fol. 126. Diese Problematik streifen noch Baldus, Ad tres priores libros Decretalium Commentaria, 2, 28, 54, Nr. 3, fol. 269 a, und Urbach, Processus iudicii, S. 254.

1. Der Instanzenzug zum Reichskammergericht

begünstigten Fürsten zweifelhaft war. Doch kommt ein Gutachten von 1653 zu dem Ergebnis, daß die Appellationsprivilegien weder durch Nichtausübung erloschen noch sonst außer Geltung gekommen seien, da mit der Einrichtung des Reichskammergerichts dieselbe Interessenlage, die die Goldene Bulle geregelt habe, bestehe. Diese liege aber in dem Ausschluß der Appellation an das höchste Gericht im Deutschen Reich. Damit liegen die Appellationsprivilegien auf einer Linie mit den Reichsgrundgesetzen von 1220 und 1232 und spiegeln nur die staats- und verfassungsrechtlichen Machtverhältnisse des Reiches wider. Diese sind geprägt von gegensätzlichen Interessen von Zentral- und Territorialgewalt, der es allmählich gelingt, eine eigene Staatlichkeit zu entwickeln. Damit wird auch die Auseinandersetzung darüber, ob die Goldene Bulle die Urteilsschelte oder die gelehrte Appellation regeln wollte, entschärft. Dies um so mehr, als für den Zeitraum zwischen 1356 und 1495 festzustellen ist, daß die gelehrte Appellation oder einzelne ihrer Elemente durchaus in Gebrauch sind, so z. B. im Verfahren vor dem königlichen Kammergericht vor 1495.

Diese Beobachtung führt wieder zurück, zu der schon im 1. Abschnitt vertretenen Auffassung, daß Urteilsschelte und Appellation nicht nur in einem unvereinbaren Gegensatz zueinander gesehen werden dürfen. So ist auch die Forderung, daß gradatim appelliert werden müsse, vieldeutig. Anhaltspunkte gibt es bereits in den Rechtsbüchern, wo ein bestimmter Instanzenzug gekennzeichnet wird. Das Mandat von 1192 kann als Beleg dafür, daß es einen solchen Grundsatz im deutschen Recht gebe, nicht angesehen werden, weil dort die Unzulässigkeit einer Appellation vor dem Urteil ausgesprochen wird. Eindeutige Regelungen trifft in dieser Richtung erst die Reichsgesetzgebung des 15. Jahrhunderts. Seit dieser Zeit ist anerkannt, daß eine Berufung an den nächsten Oberrichter desselben Gerichts zu richten ist. Damit stimmt diese Anordnung mit der in der gelehrten Literatur von legistischer Seite vertretenen Auffassung überein.

§ 13 Reichskammergerichtsordnung „gradatim" stimmt rein äußerlich mit den Lehren der Kanonistik und Legistik überein. Es ergeben sich trotzdem wesentliche Unterschiede. Gemeinsam mit Legistik ist die durchgehend aufrecht erhaltene Forderung, daß gradatim zu appellieren ist. Nicht dagegen stellt sich bei § 13 Reichskammergerichtsordnung die Frage, ob ein Irrtum dem Appellanten schadet, da nach der Reichskammergerichtsordnung sich das nächste Obergericht immer nach dem Eingangsgericht richtet. Die Frage des Irrtums erfährt in der Kanonistik und Legistik die Lösung dahin, daß er nur dann schade, wenn die Appellation an einen niedereren Richter gerichtet ist. Teilweise sind auch diffizile Unterscheidungen danach festzustellen, ob der Irrtum bewußt oder unbewußt herbeigeführt ist.

38 II. Die Appellationsbestimmungen der Reichskammergerichtsordnung

Einen völlig neuen Gesichtspunkt bringt die Dekretale X 2, 28, 66, in der die Möglichkeit einer Prorogation angesprochen ist, wenn der Appellat die ihm zustehende Einrede, es sei nicht gradatim appelliert, nicht erhebt. Dieses Recht der Prorogation steht den Parteien nach § 13 Reichskammergerichtsordnung nicht zu, da dort von Amts wegen die Einhaltung des Instanzenzuges zu beachten ist.

Die Zuständigkeit des Reichskammergerichts in Appellationssachen ist also durch Appellationsprivilegien zugunsten der Territorien beschränkt. Diesen wird durch § 13 Reichskammergerichtsordnung zur Geltung und Durchsetzung verholfen. Darüberhinaus darf aber nicht übersehen werden, daß § 13 auch der Justizreform dient, da eine ordnungsgemäße Justizpflege nur bei einem festgelegten und anerkannten Instanzenzug gewährleistet ist.

2. Ius novorum

Die Reichskammergerichtsordnung enthält keine Bestimmung darüber, ob die Parteien in der Appellationsinstanz neue Tatsachen und Beweismittel einführen können. Daraus könnte man schließen, daß die Reichskammergerichtsordnung noch keine neuen Tatsachen und Beweismittel zulasse[1].

Das Recht der Parteien, im Appellationsverfahren nova einzuführen, könnte dagegen durch § 14 begründet sein: „Item zu furderlicher Vertigung, auch Gewißhait der Partheyen Fürbringens und Irrung, die zu Zeyten sich erzaigt hat, zu verhüten, söllen hie voran ainem yedem zugelassen werden, sein Sachen, die betreffen vil oder wenig, in Schrifften fürzubringen, und welche Parthey des wurde begern, das sol die ander Parthey nit zu verhindern haben; doch das dem Widertail des Abschrifft und Schub gegeben werd, wie die Notturfft das ervordern wurd[2]."

Diese Bestimmung regelt also die Zulässigkeit von Schriftsätzen, die eine Abweichung vom bisherigen Grundsatz der Mündlichkeit des Verfahrens bedeuten[3]. Daraus ist aber zu schließen, daß damit den Parteien auch der Weg eröffnet ist, neue Tatsachen und Beweismittel einzuführen, da die Schriftsätze sonst, neben dem Protokoll der unteren Instanz, keine Bedeutung hätten.

Ein weiteres Indiz für die Zulässigkeit von nova ist, daß einige Urteile des Reichskammergerichts nach 1495 auf die Verwertung von nova

---

[1] So z. B. *Menger*, S. 60. Anm. 8; Wetzell gibt an der von Menger bezeichneten Stelle keine Begründung für seine Meinung.
[2] *Zeumer*, Quellen, S. 287.
[3] Vgl. *Poetsch*, Reichsjustizreform, S. 42.

2. Ius novorum

schließen lassen⁴. Diese Beobachtung überrascht nicht, da die Reichskammergerichtsordnung die Appellation des gelehrten Rechts, wie schon am Anfang festgestellt, übernimmt und keine vollständige Regelung bringt, weil sie die Appellation schon als geltend voraussetzt. Bei dieser ist das ius novorum jedoch anerkannt, weil „in causa autem appellationis licebat et allegationes ueteres repetere, et nouas rationes inducere. Nihil amplius *aequitas exigit*, quod ut causarum merita plenissime pandantur, et *secundum iusticiam sententia feratur*"⁵.

Nicht so klar zu beantworten ist dagegen die Frage, ob bei der Urteilsschelte nova zulässig waren. Allgemein wird von ihrer Unzulässigkeit ausgegangen⁶. Tatsächlich behandeln die einschlägigen Quellen dieses Problem nicht. Daraus nun zu schließen, daß die Urteilsschelte nova nicht gekannt habe, ist wohl unzutreffend, wenn nicht aus der Gesamtheit des Verfahrens eine große Wahrscheinlichkeit für das Gegenteil spricht.

Der Urteilsschelte fehlt gegenüber der Appellation des gelehrten Rechts die verfahrensbeendende Wirkung, da nach der Wiedereröffnung des Urteils der höheren Instanz der ursprüngliche Rechtsstreit weiter geführt wird. Wesentlich ist der Urteilsschelte, daß der Schelter gegen den Finder des gescholtenen Urteils den beleidigenden Vorwurf erhebt, er habe ein unrechtes Urteil gefunden und damit eine beschworene Pflicht verletzt⁷. Vor dem höheren Richter stehen sich deshalb auch nicht unbedingt die Parteien des eigentlichen Rechtsstreits gegenüber, sondern der Finder und der Schelter des Urteils. Gegenstand dieses Zwischenstreits ist die Frage, welches der beiden Urteile das richtige sei, da mit dem Schelten die Pflicht verbunden ist, ein anderes Urteil zu finden. Insofern wäre es auch nicht richtig, nova einzuführen, da die Entscheidung nur gefällt werden kann, wenn dieselbe tatsächliche Lage besteht wie in der unteren Instanz⁸. In dieser Hinsicht besteht auch kein mehrstufiges Verfahren, sondern der Rechtsstreit wird endgültig in der Eingangsinstanz entschieden⁹.

---

⁴ U. v. 7. 11. 1495, bei *Barth*, S. 2; so auch Urteile v. 16. 11. 1495, S. 3 B; 18. 11. 1495, S. 3 E; in einem Urteil v. 7. 12. 1495, S. 5 B wird auf „beyder Partheyen *ferner furbringens*" Bezug genommen; ein Urteil v. 7. 12. 1495 bestimmt: „vnd dieselb Appellation der angezogenen Einrede halben nit desert sey / vnd wollen die Partheyen darauff in Recht ferner prociediren / das soll gehört werden...'; vgl. auch *Koser*, Repertorium I, Nr. 432 (1497), S. 151 f.
⁵ Placentinus, Summa Codicis, S. 359.
⁶ *Planck* I, S. 297 f.; ders., Beweisurteil, S. 33.
⁷ *Planck* I, S. 268 f.
⁸ *Planck*, S. 298, erklärt, daß eine verstärkte Rechtsbegründung, die auch dem Finder bekannt gewesen sein mußte, zulässig gewesen sei.
⁹ *Lieberich*, Reichskammerprozesse, S. 441 f.; vgl. auch *Schlosser*, S. 445 f.; das ergibt sich daraus, daß jedes Urteil der höheren Instanz in der unteren

Unter diesen Gesichtspunkten ist davon auszugehen, daß die Urteilsschelte nova nicht kennt. Hauptargument für diese Auffassung kann aber nur sein, daß sich Urteilsschelte und Appellation des gelehrten Rechts dadurch unterscheiden, daß bei der Appellation eine echte Sachentscheidung getroffen wird, da der gesamte Rechtsstreit auf die höhere Instanz übergeht: „Si episcopus accusatus fuerit, et omnes iudicauerint congregati episcopi regionis ipsius, et de gradu suo deiecerint eum, si appellauerit qui deiectus uidetur, et confugerit ad beatissimum Romanae ecclesiae episcopum, et uoluerit se audiri, si iustum putauerit ut *renouetur examen*, scribere episcopis dignetur episcopus Romanus his, qui in finitima et propinqua altera prouincia sunt, ut episcopi *diligenter omnia requirant* et iuxta fidem ueritatis diffiniant[10]."

Der Rechtsstreit wird also vollkommen erneuert und auf alle in Betracht kommenden Tatsachen und Beweismittel erstreckt. Eine Beschränkung dieses Rechts folgt daraus, daß sich die Tatsachen und Beweismittel nicht auf neue Streitpunkte beziehen dürfen, „ut licentia quidem pateat in exercendis consultationibus tam appellatori quam adversae parti novis etiam adsertionibus utendi vel exceptionibus, *quae non ad novum capitulum pertinent*, sed ex illis oriuntur et illis coniunctae sunt, quae apud anteriorem iudicem noscuntur propositae". Diese Bestimmung von Cod. 7, 63, 4[11] wird von der gelehrten Literatur ohne Einschränkung anerkannt[12].

Meinungsverschiedenheiten bestehen hinsichtlich der Einführung von neuen Zeugen in der Appellationsinstanz: „Dissentiunt in productione testium in appellationibus. Dicit dominus Azo, Legem veterem non esse correctam per Auth. de Testibus (Nov. 90, c. 4), quia dicit, non licere produci testes, postquam didicit testificata, quia illud intelligit in caussa propria et eadem; sed caussa appellationis non est propria neque eadem, imo alia..."[13]. Der Streit entzündet sich also darüber, ob das Verfahren erster Instanz mit dem der Appellationsinstanz eine Einheit bilde, ob es sich folglich um ein Verfahren handle oder zwei.

---

eingebracht werden muß und der Rechtsstreit nicht in seiner Gesamtheit auf die höhere Instanz übergeht; vgl. dazu besonders Cap. 50, §§ 3 ff. RLdR.

[10] Gratian, Dekret C. II qu. 6 c. 36.

[11] Vgl. dazu *Simon*, S. 21—24, 376; bei capitula handelt es sich um die einzelnen Teile des Rechtsstreits; darunter fallen solche des Streitgegenstandes und des Streitstoffes.

[12] Hostiensis, Summa, Lib. II, Tit. De appellationibus..., fol. 131; Placentinus, Summa Codicis zu 7, 64, S. 359; Azo, Summa Codicis zu 7, „De temporibus et reparationibus appellationum siue consultationum", S. 290: „In appellationis autem causa licet vtrique parti nouis assertionibus uel exceptionibus vti que non ad nouum capitulum pertineant sed ex illis oriuntur et illis coniuncta sunt que apud priorem iudicem noscuntur esse proposite".

[13] Dissensio Dominorum, bei Hugolinus, § 345, „De productione testium in appellationibus", S. 487.

2. Ius novorum

Die letztere Meinung vertritt Azo[14], während Placentinus[15] nicht nach Tatsachen und Beweismitteln differenziert.

Der Streit, den die Dissensio überliefert, hat praktische Auswirkungen. Die Nov. 90 c. 4 läßt in engen Grenzen Ausnahmen von dem Grundsatz, daß während eines Verfahrens nur dreimalige Einführung von Zeugen möglich ist, zu[16]. Das hat zur Folge, daß bei Ablehnung der in der Novelle anerkannten Ausnahmen in der Appellationsinstanz dann keine neuen Zeugen eingeführt werden können, wenn das Verfahren erster und das in der Appellationsinstanz als Einheit gesehen wird und bereits in der ersten Instanz dreimal Zeugen eingeführt sind, dieses Recht also voll ausgeschöpft ist.

Daß sich der Kanonist Hostiensis der Gegenmeinung zu Azo anschließt, hat allerdings andere Gründe: „Sed nunquid alii testes produci possunt: quidam dicunt quod non: cum in primo iudicio testes fuerint publicati[17]." Neue Zeugen sollen nach der Auffassung von Hostiensis nur dann ausgeschlossen sein, wenn in der ersten Instanz Zeugen gehört und deren Aussagen bekannt gemacht sind, „publicati". Hinter dieser Meinung steht die Furcht vor Zeugenbeeinflussung. Von neuen Zeugen in der Appellationsinstanz sind dann keine objektiven und unbeeinflußten Aussagen zu erwarten, wenn in der ersten Instanz Zeugen gehört und deren Aussagen bekannt sind.

Dieser Fall wird eingehend in der Dekretale 2, 8, 2 Clemens' V. geregelt: „Testibus rite receptis et eorum attestationibus publicatis sicut non licet super eisdem vel directo contrariis articulis alios vel eosdem testes in principali causa producere, sic non debet in appellationis causa licere; quum non minus in appellationibus, quam in principali causa subornatio sit timenda".

Der Zweck der Beschränkung von Zeugen wird also eng begrenzt auf die Punkte, die schon Gegenstand einer Zeugenaussage erster Instanz waren, wenn diese bekannt gemacht ist. Diese Dekretale bildet allerdings den Schnittpunkt dieses Gedankengangs mit einem anderen. Die unbeschränkte Zulassung neuer Tatsachen und Beweismittel führt zur Prozeßverschleppung und die Päpste sind deshalb darauf bedacht, durch Einschränkung der nova das Verfahren wieder zu beschleunigen. Unter diesem Blickwinkel, den Menger als einzigen in dieser Dekretale sieht[18], ist die Einvernahme unter den genannten Voraussetzungen

---

[14] Azo, Summa Codicis, S. 290; Lectura zu 7, 62 „De appellationibus et consultationibus", L. 6, S. 600.
[15] Placentinus, Summa Codicis, S. 359.
[16] Vgl. dazu eingehend *Simon*, S. 217 ff.
[17] Summa Hostiensis, fol. 131.
[18] S. 57, Anm. 6; vgl. dazu auch *Gasser*, S. 22 und 34 f.

II. Die Appellationsbestimmungen der Reichskammergerichtsordnung

überflüssig, da die Zeugen ordnungsmäßig gehört worden sind und die Aussagen bekannt gemacht sind[19].

Damit liegt diese Dekretale auf einer Linie mit der Dekretale 2, 12, 5 Clemens' V., in der bei der Appellation gegen Interlokute neue Tatsachen und Beweismittel ausgeschlossen sind: „Appellanti ab interlocutoria vel a gravamine iudicis, non licet alias causas prosequi, quam in appellatione sua nominatim duntaxat expressas, nec processus primi iudicis ex novis aut de novo probandis iustificari potest vel etiam impugnari, sed tantum ex illis, quae acta fuerunt vel exhibita coram ipso". Außerdem darf der Beschwerdegrund nicht gewechselt werden[20].

Als Inhalt des ius novorum nach gelehrtem Recht ist somit festzustellen, daß dieses grundsätzlich neue Tatsachen und Beweismittel umfaßt, sofern sie in Zusammenhang mit dem Streitprogramm der ersten Instanz stehen. Bei Zeugen und der Appellation gegen Interlokute ist das Recht dahin beschränkt, daß Zeugen nur dann neu eingeführt werden dürfen, nach kanonistischer Auffassung, wenn die Aussagen der ersten Instanz nicht bekannt gemacht sind. Bei der Appellation gegen Interlokute ist nach den Dekretalen das ius novorum ausgeschlossen[21].

Der Umfang des ius novorum bei der Reichskammergerichtsordnung kann dagegen mangels Angaben nicht bezeichnet werden. Da die Reichskammergerichtsordnung die gelehrte Appellation übernimmt, dürfte sich das ius novorum auf Tatsachen und Beweismittel erstrecken. Die einzige Regelung eines ius novorum vor 1495 in einer deutschen Quelle differenziert noch nicht nach Tatsachen und Beweismitteln: „... dagegen der ander tail auch sein widerred und beden teil alle notturft und *was vor im rechten nit geprucht worden ist, fürwenden mögen*"[22], Art. 5

---

[19] Diese praktischen Gesichtspunkte bei der Einvernahme von Zeugen bringt auch die Dekretale X 2, 20, 17 (Alexander III.) zum Ausdruck: „quod in appellationis causa, si nova contigerit emergere capitula, super quibus aliqua partium voluerit novos testes inducere, vel per iam receptos aliquid comprobare, eos credimus posse recipi super novis duntaxat capitulis, receptis prius ab ipsis secundum forman recipiendorum iuramentis".

[20] Seit Ulpianus D. 49, 1, 3, 3 war anerkannt, daß der Beschwerdegrund gewechselt werden kann: „Quid ergo, si causam appellandi certam dixerit, an liceat ei discedere ab hac et aliam causam allegare? an vero quasi forma quadam obstrictus sit? puto tamen, cum semel provocaverit, esse ei facultatem in agendo etiam aliam causam provocationis reddere persequique provocationem suam quibuscumque modis potuerit".

[21] Auf den Unterschied zwischen Kanonistik und Legistik gehe ich bei § 24 Reichskammergerichtsordnung ein.

[22] Bei K. O. Müller, S. 328. Welchen Einfluß Ulrich Tengler, der Verfasser des Layenspiegels auf die Appellationsordnung genommen hat, kann nicht festgestellt werden, da Tengler, der bis zu seinem Weggang Stadtschreiber in Nördlingen war, 1483 oder 1484 Nördlingen verlassen hat, vgl. Müller, S. 325, die letzte Redaktion seines Layenspiegels in der uns vorliegenden Fassung erst 1510/11, also kurz vor seinem Tode, vorgenommen hat, vgl. *Stintzing*,

2. Ius novorum

der Nördlinger Appellationsordnung von 1486. Auch diese Bestimmung zeigt, daß die gelehrte Appellation vor 1495 kein fremdes Rechtsinstitut mehr war, sondern, verschieden stark ausgeprägt, in Übung war.

Als Ergebnis läßt sich somit festhalten, daß ein ius novorum durch die Reichskammergerichtsordnung von 1495 gewährt wird. Dieses Recht ist durch § 14 begründet. Diese Vorschrift regelt zwar ausdrücklich nur die Zulässigkeit von Schriftsätzen und bedeutet deshalb eine Abwendung vom bisherigen Prinzip der Mündlichkeit, doch bekommt die Regelung erst dann richtig Bedeutung, wenn auch die Zulässigkeit neuer Tatsachen und Beweismittel über die Schriftlichkeit hinaus anerkannt wird.

Bei der Bestimmung des Umfangs des ius novorum bieten die deutschen Quellen, die die Urteilsschelte behandeln, keine Anhaltspunkte. Durch diese Feststellung und einen Vergleich von Urteilsschelte und Appellation im Hinblick auf die vorliegende Frage, ist davon auszugehen, daß die Urteilsschelte ein ius novorum nicht kennt, da die Urteilsschelte ein einstufiges Verfahren voraussetzt und ihr ein wesentliches Merkmal der Appellation, die vollständige Erneuerung des Rechtsstreits in der Appellationsinstanz und novum iudicium als Entscheidung in der Sache selbst, fehlt.

Das ius novorum bei der gelehrten Appellation ist umfassend und schließt neue Tatsachen und Beweismittel ein. Diese müssen sich aber auf das Streitprogramm der ersten Instanz beziehen. Neue Ansprüche sind ausgeschlossen. Bei der Frage nach der Zulässigkeit neuer Zeugen treten zwei Probleme auf. Ein Teil der Legisten verneint die Einführung neuer Zeugen in der Appellationsinstanz im Hinblick auf Nov. 90 c. 4. Danach sind nur wenige Ausnahmen von der dreimaligen Einführung von Zeugen zulässig. Die Kanonistik behandelt dasselbe Problem unter dem Gesichtspunkt, daß diese Zeugen nicht verwendet werden dürfen, wenn Zeugenaussagen aus der ersten Instanz bekannt gemacht sind, da man eine Beeinflussung befürchtet.

Clemens V. schränkt das ius novorum schließlich ein, um eine Verzögerung der Entscheidungen zu vermeiden. Dazu werden nova bei der Appellation gegen Interlokute und Gravamina ausgeschlossen. Dasselbe gilt bei der Appellation gegen Endurteile bezüglich solcher Tatsachen und deren Gegenteil, zu denen Zeugen ordnungsgemäß gehört und ihre Aussagen bekannt gemacht sind.

Literatur, S. 436. Nördlingen sandte ausweislich des Anhangs zur Appellationsordnung diese Tengler zur Stellungnahme zu, vgl. S. 332. Ein ius novorum regelt der Layenspiegel in der Einleitung zur Appellation, vgl. fol. CI: „so ist im rechten auch ain hilff der appellation dawider erfunden / ob sich ain parthey *in der ersten instanz gesaumbt mit beweisung* / ..."

II. Die Appellationsbestimmungen der Reichskammergerichtsordnung

In Anbetracht der Tatsache, daß das ius novorum zusammen mit der Appellation 1495 erstmals eine eingehende reichsrechtliche Regelung erfährt und das ius novorum nur indirekt, ist anzunehmen, daß dieses Recht noch umfassend gewährt wurde, da es dem Reichskammergericht zu Beginn seiner Praxis an schlechten Erfahrungen mit diesem Recht noch gefehlt hat. Die einzige Regelung des ius novorum vor 1495 in Art. 5 der Nördlinger Appellationsordnung läßt den Umfang des ius novorum noch nicht erkennen.

3. Das Contumacialverfahren gegen den Beklagten

Das Contumacialverfahren gegen den Beklagten regelt § 22: „Item wurde auch der Antwurter in der ersten Rechtvertigung oder in der Appellacion-Sach vor Bevestigung des Kriegs ungehorsam, so sölt doch auf des Clegers Anrüffen durch das Gericht zu der Acht und Aberacht, auch zu dem Einsatz ex primo decreto wider den ungehorsamen Antwurter procedirt werden, oder sol das Gericht auf Begern des Clegers Kuntschafft und ander Fürbringen hörn und volfarn und entlich Urtail geben. Welchen Weg der Cleger fürnemen wirdt, und ob vor den ungehorsamen Tail Urtail gesprochen wurd, so sol doch der gehorsam Cleger der Cost und Scheden entlediget werden[1]."

Mit dieser Regelung baut die Reichskammergerichtsordnung auf der Kammergerichtsordnung Friedrichs III. von 1471 auf. Gegenüber den dort in § 13[2] enthaltenen Bestimmungen weist die Reichskammergerichtsordnung zwei Abweichungen auf. Die Kammergerichtsordnung regelte das Contumacialverfahren noch allgemein und nicht auf die Appellationsinstanz mit bezogen. Außerdem war das Verfahren auf Acht und Aberacht nicht vorgesehen.

An die Säumnis des Beklagten vor der litis contestatio[3] werden nach § 22 Reichskammergerichtsordnung nach Wahl des Klägers drei Folgen geknüpft. Der Kläger kann das Verfahren auf Acht und Aberacht beantragen, den Einsatz ex primo decreto oder aber die einseitige Verhandlung in der Sache mit Beweisaufnahme. Sollte in diesem letzten Fall das Urteil zugunsten des Beklagten ergehen, so hat dieser dennoch die Kosten zu tragen. Diese Kostenregelung ist unproblematisch. Sie kommt aus dem gelehrten Recht: „In omni autem casu condemnatur contumax in expensis[4]."

---
[1] § 22, Zeumer, Quellen, S. 288 f.
[2] § 13, bei Zeumer, Quellen, S. 272.
[3] Diesen Inhalt hat die Bevestigung des Kriegs nach § 22, vgl. dazu Wetzell, S. 104.
[4] Vgl. z. B. Hostiensis super Sexto Decr., „De appellationibus", Cap. I, „Cordi", Nr. 44, fol. 20; ders., super Secundo Decret. Cap. 44, „Saepe contingit", Nr. 5, fol. 182 a.

3. Das Contumacialverfahren gegen den Beklagten

Ausgangspunkt des Säumnisverfahrens ist also die Säumnis des Beklagten vor der Bevestigung des Kriegs. Diese ist entsprechend der Bedeutung der litis contestatio im römisch-kanonischen Prozeß gekennzeichnet durch den Beginn der streitigen Sachverhandlung: „Litis contestatio est principalis negotii apud suum iudicem hinc inde facta narratio ... Litis contestatio fit per narrationem et responsionem partium in iudicio factam[5]."

Die Versäumnisfolgen dagegen kommen aus dem deutschen und dem gelehrten Recht.

Das Verfahren auf Acht und Aberacht[6] findet sich in der Reichsgesetzgebung seit dem 13. Jahrhundert. Die Acht droht dort dem Übeltäter, wenn er sich nicht dem Gericht stellt[7]. In dieser Form ist die Acht also Strafe für den Ungehorsam.

Die Untersuchungen von Poetsch[8] und Franklin[9] haben ergeben, daß die Reichsacht bis etwa zum 14. Jahrhundert die Strafe für den Ungehorsam bildete, während bei Erscheinen des Täters andere Sanktionen ergriffen werden[10].

Die Acht ist also Strafe für den Abwesenden[11]. In der Folgezeit treten bei den Ungehorsamsfällen immer feinere Unterscheidungen auf. In

---

[5] Ordo des Tancred, P. 3, Tit. 1, §§ 1, 2, S. 196.

[6] Acht und Aberacht bedeuten im späteren MA, daß die Reichsacht nur eine Rechtsminderung nach sich zog, während die Oberacht (= Aberacht) volle Friedlosigkeit des Geächteten bedeutete, *Poetsch*, Reichsacht, S. 45; *Gernhuber*, S. 255 f.

[7] Vgl. z. B. § 17 der Renovatio Pacis Antiquae Saconicae, MGH Const. 2, Nr. 280, S. 395 und dazu *Poetsch*, Reichsacht, S. 19.

[8] *Poetsch*, Reichsacht, S. 45.

[9] *Franklin*, Reichshofgericht II, S. 359 f. mit Anm. 1.

[10] Vor allem die Landfrieden enthalten zahlreiche Bestimmungen, in denen die Fälle des Ladungsungehorsams, also Nichterscheinen trotz ordnungsgemäßer Ladung, und des Ungehorsams während des Verfahrens nicht scharf geschieden sind. Vgl. dazu Schwäbischer Landfriede von 1104, bei Zeumer, Quellen, S. 3 § 2; § 8, der die Strafe der Acht für Abwesende anordnet: „Si quis corruptor pacis aufugerit, dux vel comes vel advocatus vel quilibet rector, sub cuius regimine prius fuerat, predia violatoris pacis auferat et obtineat tamdiu, quamdiu corruptor pacis vivat, et post corruptoris pacis mortem hereditatem heredes eius assequantur ...", in diesem Falle verliert der Ungehorsame sein Vermögen. Nach seinem Tode wird dieses dann seinen Erben herausgegeben.

[11] Vgl. *Gernhuber*, S. 254 f.: „denn die Acht ist niemals als primäre Strafe gedacht — auch dort nicht, wo sie sofort mit der Tat eintrat —, sondern immer nur der Ausdruck der Verlegenheit des mittelalterlichen Staates gegenüber einer Verbrecherwelt gewesen, die ihm trotzen konnte, weil die Kräfte des Staates nicht ausreichten. Das hervorstechendste Merkmal der Acht in unserer Epoche ist, daß sie nur gegen Abwesende verhängt wurde. Daß sie in den späteren Frieden so stark in den Vordergrund tritt, ist einzig

II. Die Appellationsbestimmungen der Reichskammergerichtsordnung

den Mittelpunkt rücken die der Mißachtung von ordnungsgemäßen Ladungen[12].

Ein wesentlich differenzierteres Contumacialverfahren begegnet in den mittelalterlichen Rechtsbüchern. Diese sehen auch die Acht für den säumigen Beklagten vor, der trotz ordnungsgemäßer Ladung nicht vor Gericht erscheint: „Swen man vor gerichtes bechlagt. ist er da niht man sol im fûr pieten, einest vnd anders vnd dreistunt. ditz ist der laien reht. vnd enchumt niht fûr. man veraecht in[13]." Die Acht ist aber in diesen Fällen auf Kriminalsachen beschränkt. Für Zivilsachen soll die Acht ausgeschlossen sein: „Unde claget ein man vmbe gulte, den sol man fûr tegedingen. als hie vor gesprochen ist. vnde kvmet er nv̇t fûr. dar vmbe sol man (in) nv̇t ehten[14]." Dagegen verhängt das Reichshofgericht die Acht auch in Zivilrechtsstreitigkeiten[15].

In Zivilrechtsstreitigkeiten unterscheiden die Rechtsbücher danach, um welche Art von Klage es sich handelt. Dabei gilt grundsätzlich: „Swene men vor gerichte sculdeget in sin antwarde, wert he dingvluchtich, he is in der klage gewunnen[16]." Der Beklagte wird also so gestellt, als ob er erschienen und im Verfahren unterlegen sei. Der Kläger hat danach mit seiner Klage Erfolg, ohne daß die tatsächliche oder rechtliche Lage geprüft wird.

Steht dagegen eine Sache im Mittelpunkt des Rechtsstreits, wird der Kläger in deren Besitz eingewiesen: „Hevet he aver geklaget op gut to dren degedingen, men scal ene dar in wisen, unde scal is ene geweldegen (unde dar in wisen)[17]." Nach der Bestimmung des Schwaben-

---

und allein der wenig rühmlichen Tatsache zuzuschreiben, daß der mittelalterliche Staat den Friedbrecher in aller Regel nicht zu fassen bekam und der Fall des entwischten Täters schließlich auch in der Gesetzgebung dominierte. Wenn man so will, so bescheinigte sich der mittelalterliche Staat mit seinen vielen Achtandrohungen eigenhändig seine Schwäche".

[12] Vgl. den Rheinfränkischen Landfrieden Friedrichs I. von 1179, bei Zeumer, Quellen, Nr. 16, § 9, S. 21: „Si malefactores legitime citati ad ternas inducias XIIII dierum venire contempserint, ipsi et eorum receptatores seu hospites vel etiam fautores proscribantur". Voraussetzung ist also die ordnungsgemäße Ladung. Vgl. dazu auch § 15 der Treuga Heinrici, Zeumer, Quellen, S. 49; Mainzer Reichslandfrieden Friedrichs II. von 1235, Zeumer, Quellen, § 24, S. 76.

[13] Art. 91 DspLdR; dasselbe sehen Art. 46 SspLdR und Art. 101 SchwspLdR vor; vgl. dazu auch Cap. 27 Kaiserrecht, S. 28 f.

[14] Art. 102 SchwspLdR; ebenso Art. 46 SspLdR und Art. 92 DspLdR.

[15] Vgl. *Poetsch*, Reichsacht, S. 21; *Franklin*, Reichshofgericht II, S. 234.

[16] Art. 87 SspLdR; vgl. dazu den Nachsatz „is he besculdeget um ungerichte, men scal ene to hant vervesten", der den Unterschied der Säumnisfolgen zwischen Zivil- und Kriminalsachen noch einmal herausstellt. Das Österreichische Landrecht verbindet dieses Verfahren mit der Achtfolge, vgl. Art. 3, S. 237. Das Landrecht stammt aus der Zeit zwischen 1276—1330, *Hasenöhrl*, S. 29. Danach unterliegt der Beklagte und wird geächtet.

[17] Art. 46 SspLdR; vgl. dazu Cap. 7 § 3 RLdR, S. 112.

3. Das Contumacialverfahren gegen den Beklagten 47

spiegels tritt dazu noch eine Buße[18]. In dieser Bestimmung treten auch die Voraussetzungen für die Säumnis des Beklagten auf; dieser muß dreimal ordnungsgemäß geladen sein. Auf die Einhaltung dieser Formalien wird streng geachtet: „Daz man niemen veraechten sol oder vrteil vber in sprechen sol. im werde fůr gepoten[19]." Die Ungehorsamsfolge wird dann erst an die Mißachtung der dritten Ladung geknüpft[20].

Der Kläger muß dagegen an allen drei Gerichtstagen persönlich erscheinen oder sich durch einen Bevollmächtigten vertreten lassen und seinen Anspruch geltend machen. Erscheint dann bis zum Ende der Gerichtssitzung weder der Beklagte noch ein Vertreter, wird der Beklagte als säumig mit den entsprechenden Folgen behandelt[21].

An dieser dreimaligen Aufforderung wird auch bei den anderen Arten des Ungehorsams festgehalten, so wenn der Beklagte zwar vor Gericht erscheint, aber nicht antwortet oder sich ohne die Erlaubnis des Richters entfernt: „Swene men vor gerichte sculdeget, unde eme de richtere to rechter antwarde budet, ne wel he nicht antwarden noch mit rechte untreden sek, dat he icht antwarden scole, so delet men ene weddehaftich[22]." „Also dut men to deme anderen unde to deme dridden male, unde ne antwardet he dannoch nicht[23]."

Daneben sind als Säumnisfolgen noch bekannt die Übertragung einer beweglichen Sache, wenn diese Gegenstand der Klage ist[24], und die Pfändung bei Klage um Schuld[25].

---

[18] Art. 102 SchwspLdR: „in sol der rihter hin ze sinem gůte wisen, swa daz in seinem gerihte lit. vnde sol sine bůzze ouch da von nemen".
[19] Art. 91 DspLdR und Art. 101 SchwspLdR; vgl. dazu *Franklin*, Reichshofgericht II, S. 229 f. mit weiteren Nachweisen.
[20] Vgl. *Franklin*, Reichshofgericht II, S. 230 f. und dazu die von *Franklin*, S. 231 f. mitgeteilte Urkunde von 1431, wo die Stände von Geldern und Zütphen wegen Ungehorsams in die Reichsacht gesprochen werden. In dieser Urkunde sind die strengen Formalien bis zur Annahme der Säumnis des Beklagten und Ahndung dieses Ungehorsams anschaulich dargestellt.
[21] Vgl. die in Anmerkung 20 zitierte Urkunde.
[22] Art. 145 SspLdR; vgl. dazu Cap. 23 § 2 RLdR; Art. 272 DspLdR; Rechtsbuch nach Distinctionen, 1, Cap. XV, Dist. IV, S. 165; *Planck* I, S. 60; *Planitz* 1, S. 91 f. mit Nachweisen; *Schima*, S. 86 f. mit Nachweisen.
[23] Art. 145 SspLdR; Art. 157 DspLdR. Wer sich unerlaubt entfernt, ist dingflüchtig: „Swene men vor gerichte sculdeget in sin antwarde, wert he dingvluchtich, he is in der klage gewunnen", Art. 87 SspLdR; so auch Art. 157 DspLdR. Deutlich dazu Art. 210 SchwspLdR: „Swen man vor gerihte beclaget. *da er zegegen ist*. vnde wirt er ding fluhtig".
[24] Vgl. Art. 113 SspLdR; Art. 203 DspLdR; Art. 230 I SchwspLdR.
[25] Cap. 7 § 3 RLdR: „So du oc tur drudden, unde vrage, na deme dat he nicht vor ne kumt, wat dar nu rechtes umme si. So vint me, men scolen dar vor panden unde mede varen". Vgl. auch Art. 46 SspLdR und dazu ausführlich *Planck* II, S. 270 f. Die allgemeine Bestimmung des Sachsenspiegels für diesen Fall, Art. 145, behandelt den Beklagten als unterlegen. So auch Art. 274 DspLdR.

48 II. Die Appellationsbestimmungen der Reichskammergerichtsordnung

Alle diese Säumnisfolgen werden allgemein behandelt ohne Bezug auf die erste oder eine höhere Instanz, bei der das Verfahren in Gang gebracht wird. Auch dieser Umstand ist ein Hinweis für die vertretene Auffassung, daß das Verfahren nach der Urteilsschelte zwar verschiedene Instanzen kennt, aber nur einstufig ist. Es stellt sich deshalb nicht die Frage nach Säumnis in der höheren Instanz, da der Rechtsstreit immer in derselben Instanz geführt wird und die Parteien, die sich in der höheren gegenüber stehen, nicht mit denen des Hauptverfahrens identisch sein müssen.

Die Reichskammergerichtsordnung knüpft mit diesem Contumacialverfahren also an die Landfriedensgesetzgebung und die Praxis des Reichshofgerichts an und steht damit in Gegensatz zu den Rechtsbüchern des Mittelalters, die die Acht nur in Kriminalsachen anerkennen. Diese Tatsache verdient besondere Betonung, da dieser Rückfall zu einer Zeit geschieht, da andere Gerichtsordnungen die Säumnis mit Geldbußen ahnden[26].

Eine vom Prozeßrecht unabhängige Erklärung ließe sich für diese Bestimmung darin finden, daß die Achtfolge als Ungehorsamsahndung gegenüber einem Gebot des Königs gesehen wird. Damit würde dieses Verfahren allgemein unter dem Gesichtspunkt der Mißachtung eines königlichen Befehls gesehen. Dieser Schluß ist möglich, da die Ladungsbriefe im Namen des Königs ausgestellt sind[27].

Insgesamt wahrt die Reichskammergerichtsordnung mit dieser Bestimmung die Tradition. Spätere Reichskammergerichtsordnungen brechen allerdings damit sofort[28]. Die beiden anderen in § 22 Reichskammergerichtsordnung geregelten Säumnisfolgen sind erst nach einem Vergleich mit den Quellen des gelehrten Rechts einzuordnen, da die einseitige Verhandlung in der Sache mit Beweisaufnahme nicht mit der Sachentscheidung ohne Prüfung der Sach- und Rechtslage vergleichbar

---

[26] So z. B. Stadtrecht von Tübingen, 1495, § 2; Nördlinger Stadtrecht von 1375, C 227, S. 88 f. Vgl. dazu noch das Nördlinger Stadtrecht von 1488, Art. 29, S. 351 und die HGO Kurfürst Philipps für die Pfalzgrafschaft bei Rhein, um 1480, S. 85.

[27] Vgl. *Poetsch*, Reichsacht, S. 22; § 15 Reichskammergerichtsordnung über die Ladung lautet: „Item alle Citacion und Gerichtsbrieff söllen außgeen in Unserm Namen und Tittel Koniglicher und Kaiserlicher Majestät"; allerdings kommt darin auch die Trennung von der Person des Kaisers zum Ausdruck: „Aber in den Gerichtsbrieven söllen Camerrichter und die Urtailer mit namlichen Worten gesetzt werden", vgl. § 15, S. 287.

[28] Die Kammergerichtsordnungen nach 1495 weisen das Verfahren auf Acht und Aberacht nicht mehr auf, vgl. dazu *Schmelzer*, S. 502—504.
Das Verfahren ist vor dem Reichskammergericht tatsächlich betrieben worden, U. v. 26. 2. 1496, bei Barth, S. 14 C; U. v. 2. 5. 1496, bei Barth, S. 25 A; U. v. 1. 6. 1496, bei Barth, S. 29 C; Koser, Repertorium I, Nr. 535 (1495), S. 204—206, wo der Beklagte trotz wiederholter Ladung säumig war und keine Acht folgte.

3. Das Contumacialverfahren gegen den Beklagten

ist. Für den Einsatz ex primo decreto ist zumindest dem Namen nach das gelehrte Recht Vorbild.

Den in den Quellen des deutschen Rechts vermißten Bezug auf die Säumnis in der Appellationsinstanz enthalten die Quellen zum gelehrten Recht.

Bereits die Dekretale X 2, 28, 70 § 3 anerkennt das einseitige Verfahren mit Beweisaufnahme und Sachurteil bei Säumnis des Beklagten vor der litis contestatio: „Sane parato aliquo probare gravamen, propter quod duxerat appellandum, et parte adversa se contumaciter absentante, potest super hoc lite non contestata procedi, licet nondum litis contestatio facta fuerit in ipso appellationis articulo vel negotio principali, quia, quum in hoc casu iniquitas prioris iudicis principaliter arguatur, non est rigor iuris, ex quo sequi posset causae perplexitas, requirendus." Die Dekretale hält dieses Verfahren auch dann für zulässig, wenn bezüglich des Beschwerdepunkts nie eine litis contestatio vorgenommen worden ist. Diese Lösung hängt davon ab, daß in der Appellationsinstanz ein Urteil vor der litis contestatio für zulässig gehalten wird: „Diffinitiva enim sententia de non inquietando in proprietate fieri non posset ante litem contestatam, cum illud speciale sit in causa appellationis quod ante litem contestatam sententia fertur, ut C. de temporibus appellationum 1. fin. § illud (C. 7, 63, 5 § 4)[29]."

Die Zulässigkeit eines Sachurteils vor der litis contestatio in der ersten Instanz ist unter den Legisten umstritten nach dem Bericht der Dissensio Dominorum des Hugolinus: „Dicebat M. (Martinus), non distinguitur ante litis contestationem sive post. Iudex, si liqueat ei, potest ferre legitimam sententiam, id es definitivam. Sed B. (Bulgarus) et V. (Ugo) et Al. (Albericus) contra, et dicunt, quod iudex non debet ferre definitivam sententiam ante litem contestatam, etiamsi liqueat ei de caussa . . .[30]."

Dieses Problem löst für die Kanonistik die Dekretale X 2, 14, 8, wo für das Verfahren „per inquisitionem" die Einvernahme von Zeugen und ein Urteil in der Sache für zulässig erklärt wird auch vor der litis contestatio, wenn der Beklagte säumig ist: „Nos igitur videntes, ordinem iudiciarium in hoc facto fuisse servatum"; wie neu dieses Verfahren nach den Canones ist, läßt sich der Versicherung des Papstes, er halte dadurch den „ordo iudiciarius" für gewahrt, entnehmen.

Dieses Verfahren in der Appellationsinstanz ist, wie bereits die Dekretale X 2, 28, 70 § 3 zeigt, nicht auf den säumigen Beklagten be-

---

[29] Pillii Libellus de Preparatoriis Litium, BIMAe III, S. 26; vgl. dazu *Padoa Schioppa* II, S. 165, Anm. 161. So auch Bernardus Dorna, Summa Libellorum, Wahrmund I, 1, § 197, S. 102.

[30] Dissensiones Dominorum, Hugolinus, § 337, S. 482 f.

schränkt, sondern findet allgemein bei Säumnis einer Partei, also auch bei Säumnis des Klägers, Anwendung: „Sed et altera parte absente etiam lite non contestata, procederetur quod hoc est speciale privilegium illius qui de causa appellationis cognoscit[31]."

§ 22 Reichskammergerichtsordnung übernimmt also für das Säumnisverfahren gegen den Beklagten in der Appellationsinstanz das für den römisch-kanonischen Prozeß anerkannte einseitige Verfahren mit Beweisaufnahme und Verhandlung in der Sache selbst mit Sachurteil. Damit überwindet die Reichskammergerichtsordnung in dieser vorgesehenen Folge das schlichte Contumacialverfahren, das die Rechtsbücher noch kennen, in dem der säumige Beklagte unterliegt, ohne daß die Sach- oder Rechtslage geprüft wurde[32]. Dieses Eremodicialverfahren setzt sich auch im römisch-kanonischen Prozeß nur zögernd durch für die Säumnis des Beklagten vor der litis contestatio, die bei § 22 Reichskammergerichtsordnung geregelt ist. Tancred ist dieses Verfahren noch unbekannt: „Si autem causa est civilis, puta de aliqua pecunia, et reus contumax est lite non contestata, mittendus est actor in possessionem rei petitae, cum agitur actione reali, vel, si agitur personali actione, mitti debet in possessionem bonorum rei, iuxta mensuram declarati debiti, primo mobilium, si ea habet, vel, si ea non habet, immobilium, vel etiam nominum[33]." Danach besteht bei Säumnis des Beklagten vor der litis contestatio in Zivilsachen nur die Möglichkeit der Besitzeinweisung, wenn eine bestimmte Sache Gegenstand der Klage ist, in deren Besitz, bei Schuldklagen dagegen in Höhe der eingeklagten Schuld zuerst in das bewegliche Vermögen, sofern vorhanden, sonst in das unbewegliche Vermögen. Die von Tancred erörterte Lehre der Leges vertreten Azo[34] und Placentinus[35], die damit in Gegensatz zum römischen Recht stehen, das allgemein das einseitige Verfahren mit Verhandlung in der Sache und Urteil anerkennt: „Eius, qui per contumaciam absens, cum ad agendam causam vocatus esset, condemnatus est

---

[31] Hostiensis, Summa, Lib. II, Tit. De appellationibus, fol. 131; Durantis, Speculum, Lib. II, 10 § De, Nr. 3, S. 860 f.; Ordo des Aegidius de Fuscarariis, Wahrmund III, 1, c. 82 „Qualiter procedi debeat in causa appellationis absente altera parte contumaciter", S. 143; der Ordo ist zwischen 1262—1266 entstanden, vgl. Wahrmund, XXXIV. Antonius a Butrio, Sup. 2, par. 2 Decr., „De Appellationibus", C. 15, fol. 138 a; Guilelmus de Montelauduno, Apparatus Lib 2. „De appellationibus", fol. 82; Henricus Bohic super secundo Decretalium, Tit. „De appellationibus", § si autem, S. 343 und S. 359, Nr. 10.

[32] Vgl. *Schlosser*, S. 322 mit Anm. 29.

[33] Ordo, Pars 2, Tit. 4, S. 136 f. In Kriminalsachen ist nach Leges und Canones zu unterscheiden. Bei Säumnis des Beklagten vor der litis contestatio verliert dieser nach den Leges sein gesamtes Vermögen, nach den Kanones wird er exkommuniziert, vgl. Ordo, S. 136.

[34] Azo, Summa zu 3, 1, S. 61.

[35] Placentinus, Summa Codicis zu 3, 1, S. 96.

3. Das Contumacialverfahren gegen den Beklagten

negotio prius summatim perscrutato...", Cod. 7, 65, 1. Das Urteil kann bei dieser Sachverhandlung, auch wenn sie „summatim perscrutato" vorgenommen wird, gegen den erschienenen Kläger ergehen[36].

Damit kann auch die Bedeutung des Einsatzes ex primo decreto nach § 22 Reichskammergerichtsordnung geklärt werden. Es handelt sich dabei um die missio in possessionem des säumigen Beklagten, die von Kanonistik und Legistik in diesem frühen Stadium vorgesehen ist, in dem eine einseitige Verhandlung in der Sache mit Beweisaufnahme und Urteil für unzulässig gehalten wird. Der Begriff „primum edictum" beruht auf dem Verfahren bei der Ladung, da der Beklagte dreimal zu laden ist, bevor er als säumig behandelt wird. An Stelle der dreimaligen Ladung gibt es auch nur eine, die besonders bezeichnet wird. Die übrigen Ladungen entfallen dann: „Et nota, quod reus non dicitur contumax, nisi tribus edictis vel uno pro omnibus peremtorio vocatus venire contemserit, et ideo non debet puniri[37]." Daran schließt sich dann das Säumnisverfahren an.

§ 22 Reichskammergerichtsordnung spiegelt also bei den Bestimmungen über die Folgen der Säumnis des Beklagten vor der litis contestatio in der Appellationsinstanz viele Einflüsse wider. Das Verfahren auf Acht und Aberacht und der Einsatz ex primo decreto sind noch beherrscht vom reinen Contumacialgedanken. Eine Differenzierung nach Verfahren der ersten Instanz und nach Appellationsinstanz ist deshalb nicht erforderlich. In diesem Punkt besteht eine bemerkenswerte Übereinstimmung mit der älteren Legistik und Dekretistik, da nicht nur Azo und Placentinus die einseitige Verhandlung in der Sache gegen den säumigen Beklagten vor litis contestatio ablehnen.

So besteht bei Gratian der Grundsatz, daß der säumige Beklagte exkommuniziert wird[38]. Eine Beziehung zum Verfahren auf Acht und Aberacht kann trotzdem nicht hergestellt werden, da diese Folge notwendig sich aus dem Verbot der Canones, daß gegen Abwesende nicht verhandelt werden darf, ergibt: „Absens uero nemo iudicetur, ,quia et diuinae et humanae leges hoc prohibent'[39]." Mit Hilfe einer Fiktion ge-

---

[36] Vgl. *Steinwenter*, Versäumnisverfahren, S. 54 f. Vgl. dazu auch Ulpian D. 5, 1, 73 pr.: „Et post edictum peremptorium impetratum, cum dies eius supervenerit, tunc absens citari debet: et sive responderit sive non responderit, agetur causa et pronuntiabitur, non utique secundum praesentem, sed interdum vel absens, si bonam causam habuit, vincet"; Cod. 7, 43, 1: „Non semper compelleris, ut adversus absentem pronunties, propter subscriptionem patris mei, qua significavit etiam contra absentes sententiam dari solere. id enim eo pertinet, ut absentem damnare possis, non ut omnimodo necesse habeas".
[37] Tancred, Ordo, Pars 2, Tit. 3, S. 133.
[38] Vgl. *Jacobi*, S. 282 mit weiteren Nachweisen.
[39] C. III qu. 8 c. 1 § 4.

langt Gratian dann doch zu einer einseitigen Verhandlung gegen den Säumigen dadurch, daß er als anwesend betrachtet wird: „nisi fuerit absens ex contumacia. Pro presenti namque contumacia eum haberi facit[40]." In Kriminalsachen führt dieser Weg dann zur Verurteilung in der Sache, „nam manifestum est, confiteri eum de crimine"[41]. Es tritt also eine Geständnisfiktion ein. Diese Ausführung erinnert nun wieder an die einseitige Verhandlung, wie sie die Rechtsbücher vorsehen, daß der Beklagte unterliegt und der Klage stattgegeben wird, wie wenn er im Verfahren unterlegen wäre.

§ 22 Reichskammergerichtsordnung enthält drei Säumnisverfahren gegen den Beklagten bei Säumnis vor der litis contestatio, deren Anwendung von der Wahl des Klägers abhängt.

Das Verfahren auf Acht und Aberacht ist den Landfrieden als Strafe für den Abwesenden bekannt. Die mittelalterlichen Rechtsbücher beschränken dann die Acht auf Kriminalsachen im Gegensatz zum Reichshofgericht, das die Acht auch in Zivilrechtsstreitigkeiten verhängt. Es handelt sich dabei ebenso wie beim Einsatz ex primo decreto um ein echtes Contumacialverfahren. Die Säumnisfolgen sind als Strafe gedacht. Dieses Verfahren ex primo decreto kommt aus dem gelehrten Recht, das es aus dem römischen übernommen hat. Es beinhaltet die missio in possessionem des Klägers.

Der Sache nach war dieses Verfahren auch den Rechtsbüchern bekannt, die die Besitzeinweisung bei Streit um Sachen kennen. Auch die sonstigen Voraussetzungen für die Einleitung des Säumnisverfahrens, die dreimalige Ladung, stimmen mit denen des gelehrten Rechts überein, sodaß der Sache nach die Rechtsbücher nicht vom gelehrten Recht abweichen. Lediglich die abgekürzte Ladung, „unum pro omnibus", ist den Rechtsbüchern nicht bekannt.

Deutlich ist der Unterschied zwischen dem Verfahren nach den Rechtsbüchern und dem des gelehrten Rechts nur bei dem dritten Versäumnisverfahren, dem der einseitigen Verhandlung in der Sache mit Beweisaufnahme und Endurteil. Dieser Unterschied besteht aber erst seit der Dekretale X 2, 14, 8[42], da vorher sowohl Kanonistik als auch

---

[40] Dictum Gratiani zu C. III qu. 9 c. 13; vgl. dazu *Jacobi*, S. 283 f.
[41] Decretum Gratiani, C. III qu. 9 c. 10; vgl. dazu *Jacobi*, S. 283 f.
Auch die Dekretisten gehen davon aus, vgl. Rolandus, Summa zu C. III qu. 9: „Adversus eos, qui se contumaciter absentant, accusationes ac testificationes recipiuntur lite iam contestata, quod de eo, qui necessitate non voluntate absens est, penitus improbatur. Ante litem contestatam nec accusationes nec testificationes sunt admittendae, nec pro crimine, super quo accusatur, sententia est ferenda".
[42] Die Dekretale X 2, 6, 5 gehört dagegen nur mittelbar in diesen Zusammenhang, da sie die Beweissicherung im Auge hat, „nisi forte de morte testium timeatur vel absentia diuturna".

Legistik bei Säumnis vor der litis contestatio keine Sachverhandlung zulassen, sondern nur, vergleichbar der einseitigen Verhandlung nach den Rechtsbüchern, bereits bei Gratian in Kriminalsachen eine Geständnisfiktion auftritt.

Dieses echte Eremodicialverfahren gilt unangefochten für die Appellationsinstanz und kann deshalb als direktes Vorbild für § 22 Reichskammergerichtsordnung gelten.

In der Exkommunikation ist für § 22 Reichskammergerichtsordnung kein Vorbild zu sehen, da für die Acht eine eigene Tradition in den Landfrieden und den Rechtsbüchern besteht.

Anzumerken ist noch, daß auch beim echten Eremodicialverfahren eine Bestrafung des contumax mittelbar dadurch erfolgt, daß er von einer weiteren Appellation ausgeschlossen ist: „contumax non appellat[43]." Dieser Grundsatz kommt zwar mangels höherer Instanz vor dem Reichskammergericht nicht zum Tragen, doch bei Verfahren in der ersten und zweiten: „Zum andern wem zum rechten ordenlich verkündt und clagfellig wurd, der sol zů appellieren nit gelassen werden[44]."

Damit gewinnt auch das ius novorum eine besondere Bedeutung, da der Beklagte bei Säumnis in der zweiten Instanz vom Kläger mit neuen Tatsachen und Beweismitteln überrascht werden kann, die ihm vorher unbekannt waren und gegen die dem säumigen Beklagten infolge des Verbots zu appellieren auch keine Hilfe mehr zur Verfügung steht.

4. Die Appellation gegen Interlokute

Nach § 24 Reichskammergerichtsordnung soll das Reichskammergericht eine Appellation gegen Interlokute nicht annehmen: „Item als täglich durch unnotturfftig und frevelich Appellacion, die von Beyurtailn, interlocutorie genant, gevarlich umb Verlengirung des Rechten beschehen, auch vil Costen und Schäden erliten werden, so sol hinfüro an das Camergericht die Appellacion von solichen Interlocutorien nit annemen, wa die Beswerung in der Appellacion bestimbt durch die Appellacion von der Endurtail der Hauptsach möcht erstattet und widerbracht werden, wie das in Kaiserlichen Rechten geordnet und be-

---

[43] Diese Regel kennt schon das römische Recht, vgl. D. 5, 1, 73, 3; Cod. 7, 65, 1; Nov. 82, c. 5; vgl. Steinwenter, S. 68 f.; Briegleb, S. 273—278; Bulgarus de judiciis, S. 25; Liber Pauperum, 7, 39, S. 232; Placentinus, Summa zu 7, 64, S. 357; Paucapalea, Summa zu C. II qu. 6 c. 39, § 1, S. 61 f.; Cynus, Commentaria zu 7, 65, fol. 474; Odofredus, Codexlectura zu 7, „Quorum appellationes non recipiuntur", fol. 471.
[44] Art. 90 Nördlinger Gerichtsordnung von 1488, S. 375; ähnlich schon die Nördlinger Appellationsordnung von 1486, S. 326 f., Art. 2.

griffen ist[1]." Die Appellation gegen Interlokute[2] ist also grundsätzlich unzulässig, weil diese Appellation im allgemeinen nicht der Rechtsverfolgung, sondern der Verzögerung dient. Außerdem sollen unnötige Kosten vermieden werden. Dieses Motiv war ausschlaggebend für bestimmte Beschwerdesummen und die limitierten Appellationsprivilegien, die die Territorien zeitlich viel früher bekamen als die unbeschränkten[3].

Nicht unter das Verbot fallen solche Interlokute, deren Auswirkungen durch eine Appellation in der Hauptsache nicht mehr rückgängig gemacht werden können; ein Gesichtspunkt, der im gelehrten Recht als damnum irreparabile bezeichnet wird.

Die Territorien bieten zu dieser Frage kein geschlossenes Bild, da sie für ihren Zuständigkeitsbereich teils die Appellation gegen Interlokute zulassen und teils auch für unzulässig erklären.

Eine bayerische Landesordnung von 1491[4] läßt das Geding gegen ein Interlokut zu unter denselben Voraussetzungen wie ein Geding gegen ein Endurteil: „Item ob auch jemand von einiger Urthheil, es sey unterredlich oder endlich, fůr unsere Råthe in unserm Hofe zu dingen unterstehen will[5]." Für Württemberg trifft dagegen ein Privileg Maximilians dieselbe Regelung für die Appellation gegen Interlokute wie § 24 Reichskammergerichtsordnung: „vnd doch solch appellationes nit geschehen dann von Enndtlichen vrteilen vnd dheiner beyurteil. Es weren dann solch vorurteilen dero besswerd durch die appellation der enndurteil nit môchte widerbracht werden, in denselben sollte der weg der appellation offenn vnd nit beschlossen noch hierdurch abgestrickt sein[6]."

Ausgenommen von dem Verbot sind also solche Interlokute, die andernfalls für die Partei zu einem damnum irreparabile führen würden.

---

[1] Bei Zeumer, Quellen, S. 289; vgl. dazu *Perneder*, fol. 81 f.; *Itzstein*, S. 11.

[2] Interlokute sind nach gelehrtem Recht Zwischenentscheidungen, „Sane interlocutio dicitur iudicis sententiola data inter causae principium et finem", Placentinus, Summa Codicis zu 7, 48, S. 348; „Interlocutoria est que non profertur super principali directe: sed super incidenti vel emergenti. in quibus bene pronunciatur", Guido de Baysio super Sexto Decretalium, „De appellationibus", Cap. Cordi nobis, Nr. 1, fol. 70; das römische Recht geht vom allgemeinen Begriff „Beschluß" aus, vgl. Litewski, 13, S. 241 f.; D. 49, 1, 1, 2.

[3] Vgl. dazu das 1. Kapitel dieses Abschnitts; *Schlosser*, S. 29 für die bayerischen Verhältnisse.

[4] Bei Krenner, 12, S. 336—354.

[5] S. 341 f.

[6] Bei Reyscher, 4, S. 31—37. Dieselbe Bestimmung wird 1474 auf dem Landtag zu Landshut für Landshut—Ingolstadt getroffen für Beiurteile des Hofgerichts, vgl. bei Krenner, 7, S. 433 f.

4. Die Appellation gegen Interlokute

Die Lösung dieser Frage ist auch nach 1495 unterhalb des Reichskammergerichts nicht einheitlich. So übernimmt die Wormser Reformation von 1499 die gelehrte Appellation auch für Beiurteile und sonstige beschwerende Entscheidungen: „So aber yemant von einicher Beyurteil oder einicher anderen Beschwerde appellirt das sol geschehen in gegenwertigkeit des Richters innerhalb zehen tagen. vnd in schrifften mitsampt erzelung der beschwerde", 2. Buch, Tit. 1[7]. Dagegen beschränkt die Nördlinger Gerichtsordnung die Appellation gegen Beiurteile dahin, ob dieses die Hauptsache berührt oder nicht. Im letzteren Falle ist eine selbständige Anfechtung zulässig: „... es were dann die appellation von ainer beiurtel gewesen, die die hauptsach in dhain weg berürt, so möchte ain rat alsdann die parteien zu ferrer handlung der hauptsach wider für daz statgericht weisen und alda ergeen lassen, was recht ist", Art. 85[8].

Die Eichstätter Gerichtsordnung von 1457[9] läßt, obwohl Territorium eines Bischofs, eine Appellation gegen Interlokute nur bei einem damnum irreparabile zu, ganz im Gegensatz zu der im kirchlichen Bereich anerkannten Appellation gegen jedes gravamen.

Diese verschiedenen Auffassungen bezüglich der Appellation gegen Interlokute entsprechen der Gemengenlage zwischen Urteilsschelte und Appellation im 15. Jahrhundert. Die Position, die die Anfechtung von Interlokuten unbeschränkt zuläßt, wahrt die Tradition der Urteilsschelte, da diese keine Einschränkung nach der Art der Entscheidung kannte. Bei dem Verfahren der Urteilsschelte konnte jedes Urteil gescholten werden, da Unterschiede nach der Natur dieser Urteile nicht getroffen werden[10]. Dieses Verfahren bewegt sich von Urteil zu Urteil fort und die Quellen sprechen deshalb auch allgemein von „ordel": „In allen steden is gerichte, dar de richtere mit ordelen richtet[11]."

Eine ähnlich weite Anfechtung von richterlichen Entscheidungen kennt das kanonische Recht. Dieses trifft zwar eine Unterscheidung nach der Rechtsnatur der richterlichen Beschlüsse, doch gilt der Grundsatz: „Quociens enim se pregrauari senserit, libere potest appellare[12]." Eine

---

[7] Fol. XII; vgl. dazu *Diehl*, S. 42.
[8] S. 372.
[9] Diese Gerichtsordnung hat die Nürnberger Reformation von 1479 wesentlich beeinflußt, vgl. *Merkel*, S. 113—117, 128 f. und *Herrmann*, S. 48—51, 53 f. Die Nürnberger Reformation läßt dagegen die Appellation gegen Interlokute ohne Einschränkung zu, vgl. *Merkel*, S. 119, 123. Vgl. die Eichstätter Gerichtsordnung in der Heuslerschen Sammlung, fol. 4.
[10] *Planck* I, S. 272 f.; *Planck*, Beweisurteil, S. 32.
[11] Art. 41 SspLdR, S. 118; vgl. dazu auch Art. 171 und 172 SspLdR, S. 254 und Eisenacher Rechtsbuch, Teil III, Art. 34, S. 160.
[12] Dictum Gratiani, C. II qu. 6 c. 14.

Partei kann somit nach kanonischem Recht immer dann appellieren, wenn sie sich beschwert fühlt. Daher ist auch die Appellation vor dem Urteil zulässig: „Tempus uero appellationis est ante datam sententiam uel post datam[13]."

Die Kirche läßt also nicht nur die Appellation vor dem Urteil zu, sondern während des gesamten Verfahrens gegen jedes „gravamen".

Die Kanonistik steht damit in Gegensatz zur Legistik, die am Grundsatz des römischen Rechts, daß eine Appellation gegen Interlokute nicht statthaft ist[14], festhält: „Appellatur autem a sententia si sit definitiua, et non ab interlocutoria: nisi iudex quaestionem in ciuili negocio habendam interlocutus sit, uel in criminali si contra legem hoc faciat[15]." Eine Appellation gegen ein Interlokut ist nur dann zulässig, wenn der Richter in Zivilrechtsstreitigkeiten Folter anordnet oder in Kriminalsachen, wenn die gesetzliche Grundlage fehlt. In diesem Beispiel ist das damnum irreparabile angesprochen, da die Folter mit ihren Folgen durch eine Aufhebung bei einer Appellation gegen das Endurteil nicht mehr rückgängig gemacht werden kann.

§ 24 Reichskammergerichtsordnung folgt also bei der Appellation gegen Beiurteile der legistischen Lehre, die ihrerseits wieder auf römischem Recht aufbaut. Die Kanonistik schränkt aber allmählich die Appellation gegen Interlokute ein und nähert sich damit der legistischen Auffassung.

Die Dekretale X 2, 28, 5 bestätigt noch die Appellation ante sententiam: „Si vero a gravamine et ante litis ingressum fuerit appellatum, huiusmodi audietur appellans, quoniam sacri canones etiam extra iudicium passim appellare permittunt"[16]; ihre Zulässigkeit wird wiederholt von X 2, 28, 12: „quum sacri canones et ante et post litis contestationem, et in prolatione sententiae, et post sententiam singulis facultatem tribuunt appellandi." Die Päpste schränken deshalb im Hinblick auf die „sacri canones" die Appellation gegen Interlokute nur mittelbar ein dadurch, daß sie das ius novorum beschränken[17] bzw. ausschließen.

---
[13] Dictum Gratiani, C. II qu. 6 c. 14.
[14] Ausgangspunkt für die Appellation gegen Interlokute ist im römischen Recht D. 49, 5, 2, Scaevola: „Ante sententiam appellari potest, si quaestionem in civili negotio habendam iudex interlocutus sit, vel in criminali, si contra leges hoc faciat", vgl. *Litewski*, 13, S. 244. Allerdings kennt das römische Recht noch mehr Ausnahmen, die aber in der legistischen Diskussion nicht mehr erörtert werden, vgl. Litewski, 13, S. 253—262.
[15] Placentinus, Summa Codicis zu 7, 64, S. 357; diese Meinung übernimmt Azo in seiner Summa Codicis zu 7 „Quorum appellationes non recipiuntur", S. 291.
Die legistische Lehre zur Appellation gegen Interlokute behandelt eingehend *Padoa Schioppa* II, S. 55—66.
[16] Vgl. dazu eingehend *Schmitz*, S. 25—27.
[17] Vgl. dazu Kapitel 2 dieses Abschnitts.

4. Die Appellation gegen Interlokute

Eine weitere Sicherung gegen eine ungerechtfertigte Appellation bei Interlokuten liegt darin, daß ein Beschwerdegrund glaubhaft gemacht werden muß. Damit, so hofft man, soll Appellationen gegen Interlokute, die nur der Verzögerung der Entscheidung dienen, vorgebeugt werden: „*Hodie* vero per constitutionem Lateranensis concilii Innocentii tertii c. ut debitus honor. 35. in nullo iudicio licet appellare ante diffinitivam sententiam, nisi iniuste gravetur; tunc enim coram eodem iudice causa probabili appellandi exposita, scilicet gravamine, quod ei infertur, potest legitime appellari, tenebitque appellatio causa legitime exsistente[18]."

Diese Pflicht dient auch dazu, dem Richter eine Selbstkontrolle zu ermöglichen, da ein Interlokut jederzeit frei widerrufen werden konnte, da es nicht in Rechtskraft erwächst: „Item interlocutoria potest mutari ... Item interlocutoria sententia nunquam facit ius, sed diffinitiva interdum"[19]. Auch damit wird einer Entlastung der höheren Instanz vorgearbeitet, da der Richter der unteren Instanz seine Entscheidung noch einmal auf ihre Richtigkeit überprüfen kann.

Der Widerruf des Richters muß dann in Gegenwart beider Parteien erfolgen, um dem Appellanten nicht die Grundlage seiner Appellation entziehen zu können: „Debet autem fieri revocatio gravaminis utraque parte praesente, non autem absente reo, sicut quidam iudices malitiose faciunt, ut decipiant appellantem[20]."

Außer dem damnum irreparabile tritt seit der Glosse auch der Begriff der vis diffinitivae auf: „... alii, ut Al., dicunt primam interlocutoriam, et dicunt ab ea appellari quia effectum habet diffinitivae, nam cum dicitur ista agere non posse, per consequens videtur absolvi accusatus ...[21]." Danach ist eine Appellation gegen ein Interlokut zulässig wenn ihm die Wirkung eines Endurteils beikommt. Diese Regel wird für die kirchliche Appellation durch das Concil von Basel übernommen:

---

[18] Tancred, Ordo, § 14, S. 301; vgl. auch Durantis, 2 § In, Nr. 27, S. 840: „hodie vero non licet sine causa rationabili ante sententiam appellare".

[19] Bernardus Dorna, Summa, § 197, S. 101; diese Möglichkeit kannte schon das römische Recht: „Quod iussit vetuitve praetor, contrario imperio tollere et remittere licet: de sententiis contra", D. 42, 1, 14. Die Auffassung von Guido de Baysio, „hic colligitur quod interlocutoria transit in rem iudicatam", Super sexto Decretalium, § Romana, Nr. 5, fol. 73, steht alleine da, da auch die Dekretalen die Widerruflichkeit anerkennen, vgl. X 2, 28, 60 und angelegt schon in X 2, 28, 59 „ut debitus honor", die Tancred zitiert, S. 301. Vgl. dazu auch die Dekretalen 2, 15, 10 und 12 in VI°.

[20] Ordo des Aegidius de Fuscarariis, Tit. 29, „Qualiter iudex debeat revocare gravamen", S. 51 f. Formeln über diesen Widerruf und das damit zusammenhängende Verfahren finden sich z. B. bei Urbach, Processus iudicii, Pars 2, Cap. 39 „Interlocutoriae sententiae", S. 231.

[21] Glosse iterum zu D. 48, 2. 18; vgl. dazu eingehend *Padoa Schioppa* II, S. 60, Anm. 99.

„Ut lites citius terminentur super eodem gravamine, aut super eadem interlocutoria, vim definitivae non habente, nullatenus liceat secundo appellare, quodque ante definitivam frivole, vel injuste appellans ultra condemnationem expensarum, damnorum, et interesse in quindecim florenos auri de Camera parti appellatae per appellationis judicium condemnetur[22]." Die Appellation gegen Interlokute, die nicht die Wirkung eines Endurteils haben, wird weiter eingeschränkt, da gegen diese nur einmalige Appellation zulässig ist.

Die Bestrafung des Appellanten für seine Appellation, die er nicht zur Rechtsverfolgung eingelegt hat, sondern „frivoliter", um den Rechtsstreit zu verzögern, übernimmt § 24 Reichskammergerichtsordnung nicht[23]. Die Bestimmung der Reichskammergerichtsordnung lehnt sich aber an die legistische Lehre an. Diese läßt nur die Appellation gegen solche Interlokute zu, die andernfalls für den Appellanten bzw. die beschwerte Partei zu einem damnum irreparabile führen würde. Dieses zieht dieselbe Wirkung wie ein Interlokut mit der Wirkung eines Endurteils nach sich, wenn seine Beschwer nicht mehr durch eine Appellation gegen das Endurteil beseitigt werden kann. Die vis diffinitivae bedeutet also nur die dogmatische Einordnung, während auch spätere Autoren immer noch vom damnum irreparabile ausgehen: „Prima quae regula iuris ciuilis habet quod ante sentientiam diffinitiuam appellari non potest, quoniam grauamen est reparabile per appellationem a diffinitiua[24]."

§ 24 Reichskammergerichtsordnung übernimmt bei dem Verbot einer Appellation gegen Interlokute ausschließlich Regeln des gelehrten Rechts.

Die Bestimmung ist der legistischen Lehre nachgebildet, die eine Appellation gegen ein Interlokut dann zuläßt, wenn der beschwerten Partei sonst ein damnum irreparabile entstehen würde. Dagegen hält die Kanonistik an der Zulässigkeit einer Appellation gegen jedes gravamen fest. An diese Appellation werden im Laufe der Zeit aber stren-

---

[22] Konzil von Basel, Sessio XX, 1435; vgl. dazu *Itzstein*, S. 10.

[23] Diese Bestrafung bei Appellation gegen ein Interlokut geht auf das römische Recht zurück: „Sciant autem se provocatores vel ab exsecutione appellantes vel ab articulo, si eos perperam intentionem cognitoris suspendisse claruerit, quinquaginta librarum argenti animadversione multandos", vgl. Cod. 7, 65, 5, 3 und dazu *Litewski*, 13, S. 244; bei der Appellation vor dem Endurteil drängt sich der Gedanke der Prozeßverschleppung auf, vgl. Cod. 7, 65, 4 a, die Appellation eines Klerikers ante sentientiam betreffend, für den darin keine Besonderheit liegt.

[24] Panormitanus, Quaestiones, fol. 17 a, Nr. 1; Baldus de appellationibus, add. zum Speculum, S. 874: „Et hoc per regulam, quae dicit, quod ab interlocutoria appelletur, vbi grauamen eis non potest tolli per appellationem a diffinitiua".

gere Anforderungen gestellt, um einer Appellation, die ausschließlich der Prozeßverschleppung dient, vorzubeugen. Auch dieser Gesichtspunkt hat seinen Niederschlag in § 24 gefunden, da die Reichskammergerichtsordnung das Verbot ausdrücklich damit motiviert, daß gegen Interlokute oftmals nur zur Verzögerung appelliert werde und außerdem dadurch die Kosten anstiegen. Diese Gedanken begegnen bereits im römischen Recht, wo allgemein die Anfechtung von Interlokuten nicht statthaft war. Von den dort anerkannten Ausnahmen hat sich das damnum irreparabile erhalten. Die Kirche behilft sich mit dem Ausschluß des ius novorum und der Angabe eines bestimmten Beschwerdegrundes. Auf dem Konzil von Basel endlich wird die Appellation gegen Interlokute nur noch einmal zugelassen, wenn dieses nicht die Wirkung eines Endurteils hat. Dieser Begriff taucht seit der Glosse auf. Er besagt aber auch nicht mehr als damnum irreparabile, da bei einem Endurteil dieses in der Regel durch die Vollstreckung nach Rechtskraft eintritt.

Eine Beschränkung der Anfechtungsmöglichkeit nach der Urteilsschelte findet nicht statt, da jede Entscheidung „ordel" ist. Hier hat sich die Reichskammergerichtsordnung also ganz vom deutschen Recht abgewendet, während einzelne Territorien auch noch nach 1495 die Anfechtung von Interlokuten ohne Einschränkung zulassen.

5. Der Calumnieneid

Für das Verfahren vor dem Reichskammergericht führt § 10 Reichskammergerichtsordnung den Calumnieneid ein: „Item ob Fürsten, Prelaten, Graven, Herrn, Ritterschafft oder Stet durch ir Anwält oder Redner, die si mit inen brechten oder schickten, oder ander Personen in ir selbs Sachen welten reden und handeln, des söllen sy zu tun Macht haben; doch das dieselben globen und swern de calumpnia et malicia vitanda prout de jure, denselben Aid yede Parthey oder ir Anwält auf des Widertails oder des Richters Gesynnen auch thun söllen[1]."

Die Parteien müssen nach diesem Eid vor dem Reichskammergericht schwören, weder calumnia noch malicia bei ihren Handlungen vor dem Reichskammergericht walten zu lassen. Außerdem sollen die Parteien diesen Eid auch während des Verfahrens ableisten, wenn der Gegner oder der Richter dies verlangen. Demnach handelt es sich bei dem Eid nach § 10 Reichskammergerichtsordnung einmal um einen Verfahrenseid, der generell abzuleisten ist und darüberhinaus in bestimmten Situationen vom Richter oder der Gegenpartei abverlangt werden kann.

---

[1] Bei Zeumer, Quellen, S. 286 f.

Welchen Inhalt der Eid hat, ist der lateinischen Umschreibung nicht zu entnehmen. Sehr viel anschaulicher formuliert der Ständische Entwurf von 1486 den Inhalt dieses Eides für die Prozeßvertreter, daß diese „globen und sweren sollen, den partheien ihre sachen getreülich zu handeln, kein unwarheit wissentlich in sachen zu gebrauchen oder geverlich schub und dilation zu verlengerung der sachen zu suchen, des die partheien zu thun, oder zu suchen nicht unterweisen...", Art. VI[2]. Danach würden calumnia und malicia beinhalten, daß die Parteien durch diesen Eid sich verpflichten, nicht wissentlich der Wahrheit zuwider zu handeln, und nicht Fristen nur zur Verzögerung und Prozeßverschleppung zu beantragen.

§ 10 Reichskammergerichtsordnung regelt den Calumnieneid im Hinblick auf das Verfahren vor dem Reichskammergericht im allgemeinen; der Eid steht nicht in besonderem Bezug auf das Appellationsverfahren. Diese besondere Beziehung haben die Appellationseide, die einige territoriale Bestimmungen vorsehen. So verlangt Art. 310 des Münchner Stadtrechts von 1340 der dingenden Partei einen Eid ab, damit das Geding zulässig ist: „Swer ein urtail dingt gen hof, der sol swern, daz er durch chainer lengrung noch durch chain verziehen der urtail nicht ding, newr darumb daz er seins rechtens bechôm, als ûnser herre der hertzog gesetzet hat[3]." Die Partei muß also schwören, daß sie nicht um der Verschleppung willen dinge, sondern allein ihr Recht verfolge. Damit soll durch diesen Eid einem Rechtsmißbrauch seitens der dingenden Partei vorgebeugt werden, da der Unterrichter keine Möglichkeit hatte, das Geding zurückzuweisen[4].

Diese Appellationseide, die im deutschen mittelalterlichen Recht sehr zahlreich waren, haben bisher wenig Beachtung gefunden. Sie sind aber für die Untersuchung von § 10 Reichskammergerichtsordnung unentbehrlich, da § 10 selbst keine Anhaltspunkte für das Appellationsverfahren enthält und deshalb Rückschlüsse nur über diese Appellationseide gezogen werden können.

Als Schutz gegen Prozeßverschleppung durch Einlegung eines Rechtsmittels sind diese Eide schon den Rechtsbüchern bekannt. Sie treten dort allerdings nur in den Lehenrechtsteilen auf. Der Sachsenspiegel verlangt von dem Schelter eines Urteils, daß er sein Handeln durch einen Eid auf die Reliquien rechtfertigen muß, wenn man ihn beschuldigt, daß er nur um der Verschleppung willen das Urteil gescholten habe: „Swe en ordel scilt, sculdeget men ene, dat he it nicht dorch

---

[2] Bei Zeumer, Quellen, S. 277.
[3] Bei Dirr, S. 404; vgl. dazu eingehend *Schlosser*, S. 349—351; diesen Eid ordnet auch Art. 263 Freisinger Rechtsbuch, auf dem Art. 310 Münchner Stadtrecht aufbaut, an.
[4] Vgl. *Schlosser*, S. 350.

5. Der Calumnieneid

rechtes willen ne do wan dorch togen, des mut he sek untsculdegen oppe'n hilgen", Art. 291 SspLnR[5]. Ausführlich schildert dieses Verfahren Cap. 27 § 1 RLnR, wo gerade die Absicht deutlich herausgestellt ist: „... dat du dit ordel sceldent dust nicht dorch recht mer dorch unrechte togeringe wille ...[6]."

Deutschenspiegel und Schwabenspiegel beziehen diese Motive nicht auf das Schelten, sondern auf das Finden des Urteils durch den Schelter. Über die unmittelbare Fragestellung zum Eid hinaus geben diese Bestimmungen noch einmal einen Eindruck vom Verfahren der Urteilsschelte, daß mit dem Schelten die Pflicht, ein anderes Urteil zu finden, verbunden war. Auf dieser Besonderheit beruht die Vorlage zweier Urteile an die höhere Instanz und die sich daran anschließende Frage, welches von beiden das richtige sei. In Bezug auf den zu leistenden Eid richtet sich der Vorwurf nicht gegen das Schelten, sondern das Finden des anderen und dem Motiv des Schelters nach richtigen Urteils: „Swer ein vrteil verwirfet schuldiget man in dar vmbe, daz er si durch mûtwillen funden habe. des mûz er sich vnschulden auf den heiligen oder er mûz dar vmbe wetten", Art. 219 DspLnR[7]. Der Deutschenspiegel verwendet deshalb statt Verzögerung „mûtwillen", also einen weiteren Begriff als der Sachsenspiegel, wobei allerdings „mûtwillen" mit dem Finden des Urteils korrespondiert. Seiner Bedeutung nach ist „mûtwillen" aber weiter als nur Verzögerung, da es neben Gutdünken oder eigener Wille auch böse Absicht bedeuten kann[8].

Diese Eide sollen somit gegen einen Mißbrauch des Rechtsmittels schützen. Die später auftretenden Appellationseide verfolgen also denselben Zweck wie der seit dem Sachsenspiegellehenrecht in den Rechtsbüchern auftretende Eid, der allerdings, und das ist ein wesentlicher Unterschied, nicht generell zu leisten war, sondern nur, wenn der Vorwurf erhoben wurde, das Rechtsmittel werde mißbraucht und der Rechtsstreit solle verschleppt werden.

Die Landrechtsteile der Rechtsbücher kennen diese Eide nicht. Eine einleuchtende Erklärung dafür läßt sich nur in dem Umstand finden, daß das Lehenrecht ein Sonderrecht ist, das auf besonderen persönlichen Beziehungen und einem Treueverhältnis zwischen Lehensherr und Lehensmann beruht.

Außer diesen Eiden und den bereits erwähnten in Art. 263 Freisinger Rechtsbuch und Art. 310 Münchner Stadtrecht treten die Appellationseide vermehrt im 15. Jahrhundert auf.

---

[5] S. 299 f.
[6] Vgl. dazu *Planck* I, S. 273.
[7] S. 180; übereinstimmend, Art. 128 b SchwspLnR, S. 212 f.
[8] Glossar zum Sachsenspiegel, S. 235.

II. Die Appellationsbestimmungen der Reichskammergerichtsordnung

Das württembergische General-Reskript über den Appellationsprozeß von 1486[9] regelt den Eid dahin, „Welcher auch appelliren will, wie obstet, der soll dem Richter schweeren ain Ayd zu Gott und den Haillign, daß er es thue, allein umb redlicher Beschwerd willen, als er vermain, und nit der Sach zu Lenngerung, noch seinem Widertail zu Geverde". Der Eid muß also dem Richter geschworen werden, was ein Hinweis dafür ist, daß der Eid obligatorisch ist und nicht auf Verlangen des Richters oder der anderen Partei zu leisten ist. Außer dem Gesichtspunkt der Prozeßverschleppung tritt hier aber auch die Absicht, den Gegner zu schädigen, auf[10]. Der Eid in dieser Form bezieht sich also nicht auf das Verfahren in der Appellationsinstanz, sondern nur auf die Motive, die zur Einlegung des Rechtsmittels führen. Diese Motive setzt die Nördlinger Gerichtsordnung von 1488 in Beziehung zum Zweck der Appellation: „Wie wol die getruckten und beswärten im rechten durch appellation und berüfen zů der oberhand ir hilf und zůflucht mögen haben, so haben die hailigen vetter im gesatz baider recht die ihen, so us überfluss und frävel oder unmässig berüfung fürnemen, nit zůgelassen noch die zů hilf der appellation darumb erfunden, das die den unrechten oder boshaften in irer gefärd ainicherlai enthalt oder behelf pringen sölle", Art. 81 „Von appellieren"[11].

Eine Beschränkung des Rechtsmittels folgt danach schon aus dessen Zweckbestimmung und der Eid soll nur sicherstellen, daß dieser Zweck gewahrt und nicht mißbraucht wird[12].

Diese Appellationseide unterscheiden sich folglich vom Calumnieneid nach § 10 Reichskammergerichtsordnung dadurch, daß sie vor einem Mißbrauch des Rechtsmittels schützen sollen, während der Calumnieneid nach der Reichskammergerichtsordnung sich auf das Verfahren bezieht. Eine Abhängigkeit vom Verfahren der unteren Instanz, ob also dort bereits ein Calumnieneid abgelegt ist oder nicht, ist nicht festzustellen. § 10 Reichskammergerichtsordnung verlangt die Eidesleistung generell und fakultativ während des Verfahrens auf Verlangen des Richters oder der Parteien.

Damit ist eine Problematik gelöst, die die Diskussion der Legisten beherrscht: „Iac. (Iacobus) dicit, quod caussa translata ad iudicem, scilicet per appellationem vel per prioris iudicis mortem, non sit iurandum

---

[9] General-Reskript, den Appellations-Prozeß betreffend, bei Reyscher, 4, Nr. 26, S. 28.
[10] Dieselben Gesichtspunkte treten auch in der Landesordnung von Bayern aus dem Jahre 1491 auf, vgl. bei Krenner, 12, S. 341 f.
[11] S. 371.
[12] Vgl. Art. 88 „Der burgeraid auf die appellation", S. 374 und Art. 8 und 1 der Appellationsordnung von 1486, S. 329 und 326.

5. Der Calumnieneid

de calumnia, quia sufficit semel iurasse. Secus, si caussa post triennium excursum iterum agatur, tunc iuratur, quia alia caussa est. Cy. (Cyprianus) contra dicit, in omnibus supra dictis casibus iterum iurandum ...[13]." Der Widerstreit der Meinungen erhebt sich darüber, ob im Verfahren vor dem Appellationsrichter noch einmal ein Calumnieneid zu leisten ist, obwohl bereits in erster Instanz ein Calumnieneid abgelegt ist. Mit diesem Problem sehen sich vor allem die Legisten konfrontiert, da nach den Leges eine Appellation „ante sententiam" grundsätzlich nicht statthaft ist und deshalb nach den Leges der Calumnieneid in der ersten Instanz regelmäßig geleistet ist, da der Calumnieneid der litis contestatio nachfolgt: „Facta litis contestatione consequenter iurandum est de calumnia[14]." Bei den Kanonisten wird diese Frage nur aktuell bei einer Appellation gegen Endurteile und solche Interlokute, die während des Verfahrens erster Instanz nach Ableistung des Calumnieneides ergangen sind. Diese Unterscheidung findet sich dann auch beim Ordo „Scientiam": „Quaeritur, utrum iuramentum calumpniae praestari debeat in causa appellationis. Ad hoc distinguendum videtur, quoniam aut appellatur ante litis contestationem aut post. Si ante, certum est, quod bene praestari debet in causa appellationis, cum in priori iudicio praestitum non fuerit. Si autem post litis contestationem vel post sententiam appellatum fuerit, praestito iuramento in priori iudicio, non praestabitur in causa appellationis, cum eadem sit causa appellationis cum principali[15]." Der Ordo steht mit seiner Stellungnahme, daß die Entscheidung von der Art der Appellation abhängt, nahezu allein da[16], da sonst davon ausgegangen wird, daß bereits der Eid in der ersten Instanz geleistet ist.

Für die Lösung der Legisten ist die Auffassung von Azo maßgebend: „Et posset quaeri an illud sacramentum praestari debeat in causa appellationis. Respondeo non ...[17]." Azo hält es für ausreichend, wenn der Calumnieneid einmal, im Verfahren der ersten Instanz abgelegt ist[18]

---

[13] Dissensiones Dominorum, Cod. Chis., § 164, S. 244; vgl. dazu *Padoa Schioppa* II, S. 166.

[14] Tancred, Ordo, P. 3, Tit. 2, S. 201; dies ist allgemein anerkannt: Aegidius de Fuscarariis, Ordo, Tit. 44, S. 87; Lo Codi, II, 27, S. 37; Placentinus, Summa Codicis, 2, 58, S. 93 f.

[15] Bei Wahrmund, II, 1, Tit. 25, S. 43.

[16] Wie der Ordo „Scientiam" auch Martinus de Fano, Ordo, bei Wahrmund, I, 7, S. 22.

[17] Azo, Lectura Codicis zu 2, 59; in seiner Summa Codicis nimmt Azo zu diesem Problem nicht Stellung, vgl. Summa, Lib. II, „De iureiurando propter calumniam dando", S. 60.

[18] Azo anerkennt als Ausnahme, wenn das Verfahren nicht innerhalb von drei Jahren abgeschlossen ist, da es sich dann um ein neues Verfahren handele.

und schließt sich damit der Meinung von Placentinus an: „... sufficit enim semel fuisse iuratum apud iudicem primum[19]."

Dagegen gelangt die Kanonistik zur entgegengesetzten Auffassung: „In appellationis causa, quanquam in principali iuratum fuerit, praestari iubemus calumniae iuramentum, et idem in iuramento de veritate dicenda volumus observari", Dekretale 2, 4, 2 in VI°. Mit dieser Dekretale Bonifaz' VIII. wird das in der Dissensio angesprochene Problem dahin entschieden, daß der Calumnieneid auch dann in der Appellationsinstanz zu leisten ist, wenn er bereits in der ersten Instanz abgelegt ist[20]. Damit wird diese Frage entgegen der Auffassung von Azo und Placentinus entschieden: „Iubemus. hic corrigitur sentenia Azonia et Placentini[21]."

Die Dekretale ordnet also keinen besonderen Appellationseid an, wie Wesener unter Berufung auf Wetzell annimmt[22], sondern regelt nur das in der Dissensio aufgeworfene Problem dahin, daß der generelle Calumnieneid, um den es sich hier dreht, in der Appellationsinstanz auch dann zu leisten ist, wenn er bereits in der unteren abgelegt ist. Dieser Schluß rechtfertigt sich nicht nur aus der Dekretale von Bonifaz VIII. im Zusammenhang mit der Dissensio Dominorum, sondern auch im Hinblick darauf, daß diese Problematik abhängt von der Frage, ob das Verfahren erster Instanz mit der der Appellationsinstanz eine Einheit bilde oder nicht[23] und deshalb auch in der Appellationsinstanz eine litis contestatio notwendig sei: „Sed cum in causa appellationis debeat lis contestari"[24] oder nicht: „Et est sciendum, quod non est necesse, coram iudice appellationis iterum litem contestari[25]." Beide Fragen bleiben also umstritten[26]. Doch sind sie beide genügend Anhaltspunkt dafür, daß die Dekre-

---

[19] Placentinus, Summa Codicis zu 2, 58, S. 94.

[20] Der im Nachsatz als „iuramentum de veritate dicenda" bezeichnete Eid ist ein spezieller, der Wahrheitseid, vgl. Dekretale 2, 4, 1 in VI°: „Si de calumnia seu de veritate dicenda in primo litis exordio non iuretur, ut debet..."; Durantis, Speculum, lib. II, Partic. 2, „De Iuramento calumniae", 1 § Est. Nr. 12, S. 572: „Iuramentum de veritate dicenda, in quo differat a iuramento de calumnia".

[21] Guido de Baysio, Super sexto Decretalium, Tit. „De iuramento calumnie", § In appellationis, fol. 59.

[22] *Wesener*, S. 102 mit Anm. 43; *Wetzell*, § 30, Anm. 32 und § 54, Anm. 45.

[23] Vgl. dazu das 3. Kapitel dieses Abschnitts.

[24] Durantis, Speculum, Lib. II, Partic. 2, „De litis contestatione", 2 § Nunc, Nr. 15, S. 567; dabei hat die litis contestatio in der Appellationsinstanz folgenden Inhalt: „Sed qualiter contestabitur lis in causa appellationis, respondeo appellans dicet. domine ego appellaui a tali sentencia contra me lata et dico me bonum appellasse: male pronunciatum fuisse ... sic enim per petitionem et responsionem fit lit. contestata", Hostiensis, Summa, Lib. II, Tit. „De appellationibus ...", fol. 131.

[25] Martinus de Fano, Formularium, bei Wahrmund I, 8, S. 12.

[26] Für die Leistung des Calumnieneides außer Durantis, Speculum, lib. II,

5. Der Calumnieneid

tale 2, 4, 2 in VI° nur die Leistung des generellen Calumnieneides in der Appellationsinstanz betrifft, nicht aber einen neuen Appellationseid. § 10 Reichskammergerichtsordnung folgt also der kanonistischen Lösung, da die Leistung des Calumnieneides generell angeordnet wird ohne Rücksicht darauf, ob bereits in der unteren Instanz der Eid abgelegt ist oder nicht. Für die Appellationseide des deutschen Rechts gibt die Dekretale 2, 4, 2 in VI° dagegen keine Anhaltspunkte.

Die Lösung dieser Frage muß deshalb von einem anderen Ansatzpunkt ausgehen, da der Inhalt des generellen Calumnieneides mit der Versicherung der Parteien, den Prozeß ehrlich zu führen, sehr allgemein ist und sich deshalb auch auf die Einlegung der Appellation beziehen kann: „Actor jurabit, quod non animo calumniandi sed intentione prosequendi rem quam sibi credit debere contendit. Reus autem jurabit, quia non cum conscientia rei alienae sed intentione defendendi sibi quod suum credit repellit actorem"[27].

Bei den Appellationseiden steht dagegen der Gesichtspunkt der Verschleppungsabsicht im Mittelpunkt. Diese tritt vereinzelt in Calumnieneiden auf und zwar beim Eid des Beklagten, dem diese Absicht naturgemäß eher zu unterstellen sein wird als dem Kläger, der an einer raschen Entscheidung seiner Klage interessiert ist: „Reus uero non aliter audietur nisi iuret, quod se bonam causam ac instantiam habere putat, et nichil in toto negotio animo calumniandi exigere, neque dilationem seu aliquam probationem[28]." Der Beklagte kann also dadurch den Prozeß verschleppen, daß er Fristen für sich beantragt und Beweisanträge stellt. Eine Verallgemeinerung findet sich dann bei Lo Codi[29] und dem Brachylogus[30], wo der Gesichtspunkt der Verzögerung auch beim Eid des Klägers Beachtung findet. Während die Summa Rogerii[31] sich an die Eide hält, wie sie von den Vorläufern bekannt sind, tritt die Prozeßverschleppung in den Calumnieneiden bei Placentinus[32] und Azo[33] nicht mehr auf.

Partic. 2, S. 574, noch Joannis Andreae, Novella in Sextum, „De iuramento calumnia", Tit. In appellationibus S. 119, während der Ordo „Invocato Christi Nomine", bei Wahrmund V, 1, S. 75; Ordo „Si quis vult", Tit. 52, „Quis prius iuret, an actor an reus", S. 37 f. sich der Gegenmeinung anschließen.

[27] Ordo „In principio", S. 18.
[28] Summa Trecensis, Lib. II, Tit. 17, „De ivre ivrando popter calvmpniam dando", S. 46.
[29] Lo Codi, II, 27, S. 37.
[30] Brachylogus, Tit. 11, „De iureiurando actoris rei et advocatorum", S. 148.
[31] Summa Rogerii, 2, 35, „De iureiurando propter calumniam dando", S. 81.
[32] Placentinus, Summa Codicis zu 2, 58, S. 94: „utriusque iuramento nouo iure adiicitur, nullam in tota lite probationem exigi ab aduersario calumniose", wo also die Verschleppung in anderer Bezeichnung auftritt.
[33] Azo, Lectura zu 2, 59.

Die Verschleppungsabsicht ist in diesen Eiden also auf die Verhandlungsführung durch die Parteien bezogen[34] und nicht auf die Einlegung des Rechtsmittels; der leichtfertig Appellierende wird bestraft: „Temere appellans per calumniam ita punitur lite perdita notatus abscedit, et praeterea in quinquaginta libras argenti multabitur, ut. C. quo. appellat. non recipiuntur[35]."

Einen Zusammenhang zwischen Appellation und Prozeßverschleppung durch Einlegung eines Rechtsmittels findet sich dagegen bei Gratian: „Et si remedium illud est dandum ei, qui causa dilationis uocem appellationis exhibuerit[36]." Gratian wirft also in Quaestio 6 zur Causa II die Frage auf, ob das Rechtsmittel auch der Partei zustehe, die nur zur Verzögerung appelliere. Damit ist aber ein Bezug zu den Appellationseiden herzustellen, da diese Eide dagegen schützen sollen, daß die Partei nur zur Prozeßverschleppung das Rechtsmittel ergreift. Gratian löst das Problem dadurch, daß er keinen Eid abverlangt zur Sicherung, sondern ausführt, daß diese Appellation nicht angenommen werden soll[37]; außerdem wird die appellierende Partei bestraft[38].

Eine Stellungnahme von Rufinus zeigt, daß die Annahme einer Beziehung zwischen dieser Frage des Gratian und den Appellationseiden zutreffend ist: „Causa frustratorie dilationis appellat qui, cum sciat se iniustam causam fovere, non ideo appellat, ut ius suum tueatur, quod nullum est, sed ut adversarium litibus et sumptibus gravet[39]." Die Appellation dient dann der Prozeßverschleppung, wenn die Partei nicht ihr Recht wahrnehmen will, sondern den Gegner mit der Fortführung des Verfahrens und mit Kosten belasten will. Dagegen sollen die Appellationseide schützen.

Diese Frage wird öfters behandelt, so von Stephan von Tournai[40], der sich Rufinus anschließt und der Summa Parisiensis[41], die ebenfalls dem Problem keine neuen Aspekte abgewinnt. Auch spätere Autoren, die dazu Stellung nehmen, gehen davon aus, daß die Appellation zu verwerfen sei; allenfalls ist noch Bestrafung vorgesehen.[42].

---

[34] So auch bei dem Ordo „Ulpianus de edendo", S. 16 f. und dem Ordo des Aegidius de Fuscarariis, S. 88, wo der Begriff „dilatio" als Verschleppung auftritt.
[35] Placentinus, Summa Codicis zu 7, 64, S. 359.
[36] Decretum Gratiani, C. II qu. 6; vgl. dazu *Schmitz*, S. 3.
[37] Decretum Gratiani, C. II qu. 6 c. 25.
[38] Decretum Gratiani, C. II qu. 6 c. 14.
[39] Summa zu C. II qu. 6, S. 253.
[40] Summa zu C. II qu. 6, S. 177 f.
[41] Summa zu C. II qu. 6, S. 108.
[42] Tancred, Ordo, P. 4, Tit. 5, „De appellationibus", § 11, S. 297, der C. 7, 62 mit der Bestrafung des „temere appellans" übernimmt; auch Durantis geht

5. Der Calumnieneid

In keiner Stellungnahme tritt aber ein Eid im Hinblick auf die Einlegung der Appellation auf, der gegen einen Mißbrauch des Rechtsmittels schützen soll.

Diese Beziehung läßt sich über das iuramentum de malicia herstellen: „In omnibus autem causis, nedum ante, sed etiam postquam lis fuerit contestata, sive de veritate sive de calumnia sit iuratum in ipsis, potest iudex a partibus exigere iuramentum malitiae, quoties viderit expedire[43]." Dieser Eid wird durch die Dekretale 2, 4, 2 in VI° eingeführt und gibt dem Richter die Möglichkeit, in einem Prozeß vor oder nach der litis contestatio einer Partei dieses iuramentum auch dann aufzuerlegen, wenn bereits Calumnien- und Wahrheitseid geleistet worden sind. Der Richter ist in seinem Ermessen frei und kann den Eid so oft, wie es ihm notwendig erscheint, fordern.

Dieser Malicieneid bildet den zweiten Bestandteil des in § 10 Reichskammergerichtsordnung den Parteien auferlegten Eides. Dieser Eid kommt aus dem kanonischen Recht und wird durch die Dekretale 2, 4, 2 in VI° eingeführt[44].

Die Besonderheit des Eides besteht darin, daß er jeweils an eine bestimmte Situation während des Verfahrens anknüpft, während der bereits geleistete Calumnieneid seinem Inhalt nach das Verhalten der Parteien während des gesamten Verfahrens beherrscht und der Wahrheitseid die Parteien an die Wahrheitspflicht bindet.

Im Hinblick auf die Einlegung einer Appellation wird der Richter also trotz des Calumnieneides der appellierenden Partei den Malicieneid abverlangen, wenn er den Verdacht hegt, das Rechtsmittel diene nicht der Rechtsverfolgung, sondern der Prozeßverschleppung: „Secundo differunt quod iuramentum de calumnia prestatur *semel in tota lite vt dictum est. Sed iuramentum de malicia prestatur in totiens quotiens quis in iudicio aliquid proponit vel postulat fieri quod ex malicia procedere timetur vel presumatur* ... Quarto quod per iuramentum de calumnia prouidetur ne aliquid fiat calumniose in tota lite. Sed per iuramentum de malicia prouidetur ne illud quod proponitur vel petitur in quo suspectus habetur proponens maliciose proponatur vel petatur[45]."

---

davon aus, daß eine Appellation in Verschleppungsabsicht zu verwerfen sei, Speculum, Lib. 2, Tit. 2, De appellatione, Partic. 3, § In, Nr. 33, S. 841 f. Vgl. auch Guido de Baysio Super sexto Decretalium, Tit. „De appellationibus", § Peruenit, S. 344, Nr. 2.

[43] Vgl. dazu *Groß* I, S. 72 und II, S. 260—262.

[44] Es handelt sich um eine Dekretale von Bonifaz VIII.

[45] Goffredus de Trano, Summa, Tit. „De iuramento calumnie, fol. 87; dieselbe Abgrenzung nimmt Aegidius de Fuscarariis, Ordo, bei Wahrmund III, 1, Tit. 45, „In quibus iuramentum de militia differat a iuramento calumpniae", S. 89 f., vor. Durantis beschränkt den Malicieneid auf den Zeitpunkt

In dieser Stellungnahme Goffredus' de Trano ist der Unterschied zwischen Calumnieneid und Malicieneid anschaulich herausgearbeitet. Der Malicieneid bezieht sich immer auf eine einzelne Prozeßhandlung[46], während sich der Calumnieneid auf die gesamte Prozeßführung bezieht.

Für die Appellationseide ist somit nicht der Calumnieneid als Vorbild anzunehmen, sondern der Malicieneid des kanonischen Rechts, wie ihn die Dekretale 2, 4, 2 in VI° festlegt, da spätere Autoren den Unterschied und die Abgrenzung, die Goffredus de Trano aufrecht erhält, nicht mehr beibehalten[47]: „Iuramentum calumnie aliquando appellatur iuramentum malitie."

Diese Annahme ist auch ohne Widerspruch, da eine Beziehung zwischen den Appellationseiden und den in den Lehensrechtsteilen von Sachsen-, Deutschen- und Schwabenspiegel geregelten Teilen auf Grund des Sonderrechtscharakters des Lehensrechtes nicht anzunehmen ist, da der Appellationseid in der vorliegenden Form zum ersten Male bei Ruprecht von Freising auftritt[48]. Dieser war aber um die Wende vom 13. zum 14. Jahrhundert lange Zeit Vorsprecher im Gerichtsbezirk des Bistums Freising[49]. Damit ist aber die Rechtspflege mehr als sonst von kanonischen Grundsätzen beeinflußt[50]. Zeitlich ist somit der Zusammenhang zur Dekretale von Bonifaz VIII. näher als zu den Rechtsbüchern. Eine andere Überlegung zielt dahin, daß eine Regelung des Eides in den Landrechtsteilen der Rechtsbücher näher gelegen hätte bei allgemeiner Anerkennung dieses Eides, da dieser als Sicherung in Lehensstreitigkeiten nur neben die allgemeinen Verpflichtungen auf Grund der persönlichen Beziehungen treten konnte[51].

Der Bedeutung der Eide für das Verfahren, daß sie als Sicherung für bzw. gegen bestimmte Verhaltensweisen der Parteien gedacht sind, entsprechen auch die Folgen der Verweigerung der Eidesleistung. So ordnen § 10 Reichskammergerichtsordnung und die Gerichtsordnungen, die die Appellationseide vorsehen, an, daß bei Nichtleistung des Eides die betreffende Partei die Prozeßhandlung nicht vornehmen darf. Die Partei wird somit von einer Prozeßhandlung, die mit einem Eid zu sichern ist, ausgeschlossen, wenn sie diesen Eid nicht ablegt.

---

vor der litis contestatio, Speculum, Lib. II, Partic. II, Tit. „De Iuramento calumniae", S. 573, Nr. 6. Vgl. dazu *Zimmermann*, S. 176 f.

[46] So deutlich *Urbach*, Processus iudicii, Pars. 2, Cap. 30 „De iuramento calûmpniae", S. 163.

[47] *Guido de Baysio*, fol. 59.

[48] Art. 263 Freisinger Rechtsbuch.

[49] Vgl. *Claußen*, S. XV—XIX.

[50] Vgl. Einleitung.

[51] Für die sächsischen Verhältnisse weist *Zimmermann* nachdrücklich darauf hin, daß sich der Calumnieneid des gelehrten Rechts in Sachsen keinen Eingang verschaffen konnte, S. 275.

5. Der Calumnieneid

Auch darin sind die Bestimmungen denen des römischen Rechts[52] und des gelehrten Rechts vergleichbar: „Poena vero recusantis hoc iuramentum, quum praestandum fuerit, est, ut actor ab instituta cadat actione, reus autem haberi debeat pro confesso", Dekretale X 2, 7, 7, § 1. Beachtung verdient, daß diese Folgen nicht nur als prozessualer Nachteil gedacht sind, sondern als Strafe, „poena". Sie sind abhängig davon, ob die Partei Kläger oder Beklagter ist und von dem jeweiligen Prozeßstadium, da bei einem Beweisantrag, der eidlich zu bekräftigen ist, dieser der Abweisung unterliegt[53] oder eine Appellation bei Nichtleistung des Eides zurückzuweisen ist.

Dieser Grundsatz wird allgemein anerkannt[54] und damit durchgesetzt, daß das Zuschieben des Eides nicht statthaft ist: „et nota, iuramentum de calumnia remitti non posse[55]."

§ 10 Reichskammergerichtsordnung verlangt von den Parteien generell einen Eid, daß sie bei der Verhandlung vor dem Reichskammergericht calumnia und malicia vermeiden. Die Eidesleistung hat ohne Rücksicht darauf zu geschehen, ob ein solcher Eid bereits in der Vorinstanz geleistet ist oder nicht. Der Eid kann zusätzlich während des Verfahrens auf Verlangen des Richters oder einer Partei auferlegt werden.

Damit folgt die Reichskammergerichtsordnung der in der Dekretale 2, 4, 2 des Liber Sextus getroffenen Lösung, daß, entgegen der legistischen Auffassung, die eine einmalige Leistung des Eides für ausreichend hält, der Calumnieneid auch dann in der Appellationsinstanz abzulegen ist, wenn er bereits in der unteren Instanz geleistet ist. Diese Dekretale bezieht sich allein auf die von den Legisten geführte Diskussion um den Calumnieneid und führt keinen neuen Appellationseid ein.

Ein Zusammenhang zwischen diesen Appellationseiden und dem gelehrten Recht läßt sich nur über den Malicieneid herstellen; dieser Eid wird ebenfalls durch die Dekretale 2, 4 2 in VI° eingeführt und ist in dem Eid nach § 10 Reichskammergerichtsordnung enthalten.

Die Besonderheit dieses Eides liegt darin, daß er immer an eine einzelne Situation während des Verfahrens anknüpft, während der Calum-

---
[52] *Kaser*, § 36 III, S. 199.
[53] Nov. 49 c. 3 pr., vgl. *Simon*, S. 334.
[54] Vgl. Tancred, Ordo, § 6, S. 206; Ricardus Anglicus, Ordo, S. 39; Ordo „Si quis vult", Tit. 50, „Quae (sit) pena nolentis iurare de calumpnia", S. 39; differenzierend der Ordo „Invocato Christi Nomine", S. 72 f.
[55] Vgl. Tancred, Ordo, S. 206. Es bestehen zwar Ausnahmen; doch können diese und die abweichenden Meinungen außer Betracht bleiben, da die Reichskammergerichtsordnung und die anderen Gerichtsordnungen von der obligatorischen Leistung des Eides ausgehen und ein Zuschieben des Eides in diesem Zusammenhang nicht vorsehen.

nieneid sich immer auf das Verfahren als Ganzes bezieht und der litis contestatio nachfolgt. Dieser Eid muß deshalb im Hinblick auf die Stellungnahmen des gelehrten Rechts gesehen werden, die eine Appellation, die in der Absicht, das Verfahren zu verschleppen, eingelegt ist, für unzulässig halten. Als Schutz gegen ein solches Verhalten der appellierenden Partei kann der Malicieneid dienen, da der Richter diesen nach seinem freien Ermessen auferlegen kann, wenn an der aufrichtigen Absicht der Partei Zweifel bestehen. Damit schließt dieser Eid an die frühe Legistik an, die für das Verfahren erster Instanz den Eid dahin schwören ließ, daß keine Frist und kein Beweisantrag nur zur Verschleppung verwendet werden solle, sondern ausschließlich zur sachgerechten Prozeßführung durch die betreffende Partei.

Die bereits in den Lehensrechtsteilen von Sachsen-, Deutschen- und Schwabenspiegel auftretenden Eide sind beschränkt auf dieses Sonderrecht und sind deshalb nicht als Vorbild für die späteren Appellationseide anzusehen, da der zeitliche Zusammenhang zwischen der Dekretale von Bonifaz VIII. und dem Freisinger Rechtsbuch näher liegt. Trotzdem ist nicht zu übersehen, daß die Eide nach den Rechtsbüchern bei einem entsprechenden Vorwurf zu leisten sind, der Malicieneid dagegen, wenn sich im Richter ein Verdacht regt; bei den bereits behandelten verschiedenen Verfahrensabläufen von Urteilsschelte und Appellation sind diese beiden Tatbestände vergleichbar, da bei der Urteilsschelte der Richter nicht allein tätig wird und deshalb auch der sich in einem der Lehensleute regende Verdacht erheblich ist.

Die Folgen der Eidesverweigerung sind einschneidend. Nach § 10 Reichskammergerichtsordnung wird die Partei von der Mitwirkung ausgeschlossen. Darin sind dann für die Parteien je nach Stellung verschiedene Rechtsnachteile begründet. Die appellierende Partei wird mit der Appellation zurückgewiesen, der Appellat unterliegt. Auch darin besteht eine Übereinstimmung mit dem gelehrten Recht, wo diese Folgen ausdrücklich als Strafe bezeichnet sind. Bei Verweigerung der Appellationseide schließlich wird die Appellation bzw. das bayerische Geding nicht zugelassen.

III. Das Verhältnis von Richterablehnung und Appellation

Die Reichskammergerichtsordnung enthält keine Bestimmung über die Ablehnung des Kammerrichters oder eines Urteilers wegen Befangenheit. Es wäre jedoch verfehlt, daraus zu schließen, daß es die Ablehnung wegen Befangenheit im Verfahren vor dem Reichskammergericht nicht gegeben habe. Die Rekusation tritt vor dem Reichskammergericht z. B. in einem Fall aus dem Jahre 1497 auf[1]. Anerkannt war die Richterablehnung auch im Verfahren vor dem königlichen Kammergericht, so daß auch aus dieser Tradition auf die Zulässigkeit nach der Reichskammergerichtsordnung zu schließen ist.

Nach den überlieferten Fällen wird die Rekusation noch vor der Einlassung zur Sache vorgebracht: „Die darauf ertheilte Antwort der Stadt Nůrnberg enthält vor erst eine Recusationem Judicis suspecti angesehen derer zu Gericht mit sitzenden Fůrsten, die an der Fehde Theil gehabt oder die der Sippschafft halber in denen Rechten verdåchtig wåren[2]." Die Ablehnung stützt sich hier darauf, daß die beisitzenden Urteiler selbst in die zur Entscheidung anstehenden Sache verwickelt seien und auch verwandtschaftliche Bande zur Gegenpartei bestünden. Dieses Ablehnungsverfahren ist dem des gelehrten Rechts nachgebildet, da dort der Verdacht gegen den Richter und die darauf beruhende Ablehnung einredeweise geltend zu machen ist: „recusatio est audientiae vel iurisdictionis declinatio, per exceptionem suspicionis oppositam[3]." Der tiefere Sinn für die Möglichkeit einer Ablehnung des Richters liegt darin, daß ein Richter, der auf irgendeine Art mit dem Gegenstand des Verfahrens verbunden ist, nicht mehr objektiv urteilen könne: „Quia valde meticulosa res est sub iudice litigare suspecto[4]."

Im Verfahren vor dem königlichen Kammergericht wird durch Beiurteil über die Einrede der Befangenheit entschieden: „auf fernere Red und Wider-Rede wurde die zweyte Bey-Urthel propter Exceptionem

---

[1] Vgl. Koser, Repertorium I, Nr. 355, S. 210—212; aus der Mitteilung geht nicht hervor, ob es sich um Ablehnung wegen Unzuständigkeit oder Befangenheit, die hier erörtert wird, handelt.

[2] Bei Harpprecht I, S. 62, § 88.

[3] Tancred, Ordo, Pars 2, Tit. 6, „De recusationibus iudicum", S. 146; die Rekusation muß vor der litis contestatio, also vor der streitigen Sachverhandlung geltend gemacht werden, es sei denn, der Befangenheitsgrund entsteht danach, vgl. Ordo, S. 147.

[4] Tancred, Ordo, S. 146.

suspecti Judicis dahin eröffnet ...⁵." Ein bestimmtes Verhältnis von Richterablehnung und Appellation läßt sich schon am Verfahren vor dem königlichen Kammergericht ablesen, da eine Appellation darauf gestützt werden kann und gegebenenfalls zum Erfolg führt, wenn die Einrede der Befangenheit zu unrecht zurückgewiesen worden ist: „Darvmb er Im ain verdechtiglich Richter sei, vnd gebetten vmb solichs vber vnd wider in nit zu richten. Aber derselb Commissari hab sich das alles nit wollen Irren laussen und darüber Im rechten mit ettlichen vor vnd nach Vrtailen procediert"⁶; daher hatte die Appellation Erfolg, da die Einrede der Befangenheit begründet war.

In dieser Form wird die Ablehnung eines Urteilssprechers wegen Befangenheit in der HGO für Rottweil, 1496, geregelt, wo Verwandt- und Schwägerschaft als Befangenheitsgründe anerkannt sind⁷. Diese Gründe sind auch im gelehrten Recht anerkannt, doch sind sie nur als Regelbeispiele gedacht, da der berechtigte Verdacht ausreicht: „Causa recusationis unica est, scilicet suspicio, quae consurgit multis ex causis: puta, quia iudex est consanguineus actoris vel eius, qui literas impetravit; ... vel fuit eius advocatus in eodem negotio ... item, si est affinis eius ...⁸." Im Hinblick darauf formuliert die Wormser Reformation von 1499, „So einer den Richter in syner Person argwonig oder verdechtlich..."⁹ und das entsprechende Kapitel des Freiburger Stadtrechts von 1520 ist überschrieben „Von verdechtlicheit der Richtere"¹⁰.

Diese Problematik findet in der Reichskammergerichtsordnung keine Erwähnung. Der Grund dafür könnte darin liegen, daß die Reichskammergerichtsordnung noch Kammerrichter und Urteiler unterscheidet und darin den Rechtsbüchern folgt, die eine Ablehnung wegen Befangenheit ebenfalls nicht regeln. Anhaltspunkt dafür ist das Freiburger Stadtrecht, das zwar noch von Urteilssprechern redet, aber bereits die Grundstruktur des gelehrten Prozesses — iudex, actor, reus — übernimmt: „Nach dem ein yeder gerichtlicher proceß derspennig ist / nothalb / Richter / kleger vnd antwürter haben muß ...¹¹."

Eine andere Erklärung wäre die, daß das Problem der Befangenheit von Richter und Urteiler eine andere Lösung erfährt als durch Ableh-

---

⁵ Bei Harpprecht I, § 90, S. 63.
⁶ Es handelt sich um einen Fall von 1455, § 95, S. 64, hier nach der ausführlichen Schilderung S. 173—200; das Urteil des Kammergerichts findet sich S. 199 f.; die zitierte Stelle S. 175.
⁷ Tit. 3 des 1. Teils, S. 14.
⁸ Tancred, Ordo, S. 148 f.
⁹ Wormser Reformation, 3. Buch, 2. Teil, Tit. 3, fol. 25. Vgl. dazu *Diehl*, S. 14 f.
¹⁰ 1. Tractat, 4. Titel, fol. X.
¹¹ § 1; vgl. dazu *Knoche*, § 61, S. 60.

III. Das Verhältnis von Richterablehnung und Appellation

nung seitens der Parteien. Unter diesem Gesichtspunkt verdient der Eid der Reichskammergerichtsordnung für Richter und Beisitzer Aufmerksamkeit: „Item die alle söllen zuvor Unser Koniglicher oder Kaiserlicher Majestät geloben und zu den Hailigen swern: Unserm Koniglichen oder Kaiserlichen Camergericht getrewlich und mit Vleis ob sein und nach des Reichs gemainen Rechten, auch nach redlichen, erbern und leidlichen Ordnungen, Statuten und Gewonhaiten der Fürstenthumb, Herrschaften und Gericht, die für sy pracht werden, dem Hohen und dem Nidern nach seinem besten Verstentnus gleich zu richten und kain Sach sich dagegen bewegen zu lassen, auch von den Partheyen oder yemand anders kainer Sach halben, so in Gericht hanget oder hangen wurden, kain Gab, Schenck oder ainicher Nutz durch sich selbs oder ander, wie das Menschen Synn erdencken möcht, tzu nemen oder nemen lassen; auch kain sonder Parthey oder Anhang und Zufell in Urtailn zu suchen oder zu machen und kainer Parthey raten oder warnen, und was in Ratschlegen und Sachen gehandelt wirdet, den Partheyen oder niemands zu offnen, vor oder nach der Urtail, auch die Sachen auß böser Mainung nit aufhalten oder verziehen, one alles Geverde[12]." Ansatzpunkt für die Frage der Befangenheit ist nicht der Treueid gegenüber dem König und auch nicht die Pflicht zur Verschwiegenheit über die amtliche Tätigkeit. Diese Gesichtspunkte sollen deshalb nicht weiter verfolgt werden. Aufmerksamkeit verdienen aber die Gebote, den Hohen und den Niedern gleich zu richten, sich davon durch nichts abbringen zu lassen, auch keinen Vorteil aus der Stellung zu ziehen oder sich bestechen zu lassen. Damit baut der Eid auf dem der Kammergerichtsordnung von 1471 auf, der deutlicher formuliert: „und das nicht laßen umb vorcht, gunst, lieb, gab oder versprechniß eincher gab oder anders[13]." Der Eid der Kammergerichtsordnung stimmt darin weitgehend mit dem Eid des Reichshofrichters nach Art. 28 des Mainzer Reichslandfriedens überein. Dieser mußte schwören: „quod nichil accipiet pro iuditio, quod nec amore nec odio, nec precio, nec timore nec gracia, nec alia quacumque de causa iudicabit aliter quam iustum sciat vel credat secundum consciencia suam, bona fide, sine omne fraude et dolo[14]." In allen Eiden sind aber keine Verpflichtungen aufgenommen, daß sich der Richter oder die Urteiler nicht durch persönliche Beziehungen auf Grund von Verwandt- und Schwägerschaft beeinflussen lassen solle. Trotzdem war diese Einrede schon vor dem Kammergericht anerkannt[15]. Darüber hinaus korre-

---

[12] § 3, S. 285; vgl. dazu auch *Kern*, S. 29 und *Saur*, Eidbuch, S. 27 f.
[13] § 1, bei Zeumer, Quellen, S. 270.
[14] Bei Zeumer, Quellen, S. 77; vgl. dazu *Kern*, S. 15; *Scheyhing*, S. 166 f.; *Fuhr*, S. 135 f., 146 f.; *Mitteis*, S. 43—46.
[15] Harpprecht, § 169, S. 93: „Exceptiones suspecti Judicis, der Sippschafft ... durfften ohne Scheu auch gegen die grössesten Fürsten selbsten eingewandt, und zu richterlicher Erkanntnuß hinterstellet werden".

spondiert die Pflicht von Richter und Beisitzer, nichts anzunehmen, mit der Verpflichtung der Parteien, mit dem Calumnieneid zu schwören, die Gerichtspersonen nicht zu bestechen: „iurabunt, se nihil iudici uel alii promisisse, uel dedisse neque daturos postmodum fore"[16], wie er z. B. von Placentinus in Anlehnung an die Novelle 124, c. 1 überliefert ist.

Das Gebot an Richter und Beisitzer, alle gleich zu richten, ist schon den Rechtsbüchern bekannt: „De richtere scal gelik richtere sin allen luden", Art. 134 Abs. 2 SspLdR[17]. Diese Pflicht ist allgemein anerkannt[18], wird aber bereits in der Bayerischen Landesordnung von 1491 mit der Befangenheit in Beziehung gesetzt: „Zuerst, wenn zwey Partheyen für dich oder den Richter deines Amtes zu Recht kommen, daß man ihnen dann gleiche und förderliche Rechte ohne gefährlicher Längerung und Auszug ergehen lasse; darinn sich auch du und der Richter auch der Gerichtschreiber und die Rechtsprecher *unverdächtlich und unpartheyisch* halten, und solch beyder Partheyen Fürbringen soll durch den geschwornen Gerichtschreiber in Gericht nach längs aufgeschrieben werden ...[19]." Diese Beispiele zeigen, daß das Problem der Befangenheit des Richters schon vor der Reichskammergerichtsordnung bekannt war und geübt worden ist. Die Reichskammergerichtsordnung begnügt sich demgegenüber mit einer eidlichen Verpflichtung für Kammerrichter und Urteiler, bei der das Problem der Befangenheit nicht angesprochen ist. Offenbar wird die eidliche Bekräftigung der Amtspflichten als genügend erachtet. Die andere Erklärung wäre, wie bereits ausgeführt, die Abhängigkeit dieser Regelung von der Trennung in Kammerrichter und Urteiler, die auch dem Verfahren der Urteilsschelte, Richter und Urteilsfinder, zugrunde liegt.

Diesen Gegensatz hält die Reichskammergerichtsordnung nicht mehr so scharf aufrecht, da Kammerrichter und Urteiler den Eid gemeinsam leisten und keine getrennten Eide bestehen. Die Wandlung zeigt sich aber auch daran, daß der Kammerrichter bei Stimmengleichheit der Kammerrichter einen Stichentscheid hat: „Und was die XVI Urtailer oder der merer Tail in Sachen erkennen, und ob sy spennig und auf yegklichem Tail gleich wärn, welchem dann der Richter ain Zufall tut, dabey sol es beleiben", § 1[20]. Die Trennung wird somit nur für den Fall, daß sonst ein non liquet entsteht, aufgehoben. Ähnlich kennt schon die

---

[16] Placentinus, Summa Codicis, 2, 58, S. 94.
[17] S. 212; damit stimmen Art. 246 DspLdR und Art. 172 I b SchwspLdR überein; dabei verwendet der Schwabenspiegel statt „gelik" „gemeiner", S. 83.
[18] Vgl. Zwickauer Rechtsbuch, Teil III, Buch 1, Art. 1, S. 168.
[19] Bei Krenner, 12, S. 338.
[20] Bei Zeumer, Quellen, S. 284; vgl. dazu *Smend*, Reichskammergericht, S. 251 f.; *Poetsch*, Reichsjustizreform, S. 37; *Harpprecht* II, § 72, S. 69 f.

III. Das Verhältnis von Richterablehnung und Appellation 75

Bayerische Landesordnung von 1491 eine Beratung zwischen Richter und Urteilsfindern, wenn der zuerst gefragte Urteiler kein Urteil finden kann: „durch den Richter der Urtheil angefragt, und ob der, so also angefragt wird, der Urtheil von stund an zu geben nicht entschlossen wäre, Macht haben, sich mit den andern Urtheilern, so auch an demselben Gericht sitzen zu bedenken und zu unterreden[21]."

Verschiedentlich ist nun aus der Gleichheit des Eides für Richter und Urteiler geschlossen worden, daß sich die Stellung des Richters gegenüber dem älteren Recht gewandelt habe und er jetzt an der Rechtsfindung beteiligt sei[22]. Angesichts des eindeutigen Wortlauts von § 1 Reichskammergerichtsordnung ist diese Meinung unzutreffend, da die Rechtsfindung den 16 Urteilern zugewiesen wird und sich die Beteiligung des Kammerrichters auf einen Stichentscheid bei Stimmengleichheit beschränkt, um ein non liquet zu vermeiden[23].

Es ist deshalb daran festzuhalten, daß die Reichskammergerichtsordnung grundsätzlich von der Trennung von Richter und Urteilern ausgeht[24], zumal die Unterscheidung auch nach 1495 beibehalten wird[25].

Für die weitere Erörterung ist die Aufmerksamkeit deshalb auf den Eid und die Trennung von Richter und Urteilern zu richten.

Ein Eid für Schöffen ist durch das Capitular Ludwigs des Frommen von 829 überliefert, in dem den Königsboten die Befugnis eingeräumt wird, untaugliche Schöffen abzusetzen: „Ut missi nostri, ubicumque malos scabinos inveniunt, eiciant et totius populi consensu in locum eorum bonos eligant[26]." Danach müssen diese einen Eid dahin schwören, daß sie nicht wider besseres Wissen unrecht richten: „et cum electi fuerint, iurare faciant, ut scienter iniuste iudicare non debeant[27]."

Ein Anhaltspunkt für Befangenheitsgründe besteht nicht, doch sind persönliche Beziehungen zwischen Schöffen und Parteien, die die Ent-

---

[21] Bei Krenner, S. 339.
[22] Vgl. *Franklin,* Königliches Kammergericht, S. 12 f.; der sich auf § 1 Kammergerichtsordnung von 1471 bezieht; *Smend,* S. 251, Anm. 4 mit Streitstand.
[23] *Smend,* S. 251; *Lenel,* S. 440 mit weiteren Nachweisen S. 441—447; *Poetsch,* Reichsjustizreform, S. 40.
[24] Harpprecht, § 168, S. 93: „Der Richter hatte nach uhralter teutscher Gewohnheit kein Votum, sondern die Beysitzer mußten die Urthel erfinden: die Hoff- und Cammer-Gerichts-Urtheln geben auch davon genugsam Proben".
[25] Vgl. Privileg Kaiser Maximilians für das Landgericht Rottweil von 1496, fol. 2 und Tit. 1 und Tit. 3.
[26] Die Darstellung folgt *Scheyhing,* S. 5—11; das Capitular ist abgedruckt MG Legum Sectio II, Capitularia regum Francorum, Tomus II, Nr. 192, c. 2, S. 15.
[27] Capitular, S. 15.

scheidung beeinflussen können, nicht unbekannt: „Volumus, ut quicumque de scabinis deprehensus fuerit propter munera aut propter amicitiam vel inimicitiam iniuste iudicasse, ut per fideiussores missus ad praesentiam nostram veniat", c. 4 des Capitulars von 829[28]. Diese Regelung zeigt aber, daß die Parteien nicht die Möglichkeit haben, präventiv bei der Besorgnis, daß das Urteil nicht objektiv sei, vorzugehen, sondern daß strafrechtliche Sanktionen ergriffen werden, weil eine beschworene Pflicht verletzt ist[29]. Eine weitere Maßnahme zur Sicherung der Rechtspflege besteht darin, Strafbestimmungen für Delikte gegen die Rechtspflege aufzustellen[30].

Die Reichskammergerichtsordnung folgt somit diesem System, die Pflichten von Kammerrichter und Urteiler eidlich zu bekräftigen. Ein Verstoß dagegen bedeutet Eidbruch und zieht strafrechtliche Folgen nach sich[31]. Der Schutz für die Parteien ist damit weiter, da sowohl Amtsverletzung infolge Befangenheit als auch echte Delikte erfaßt werden, aber auch dadurch wieder enger, daß die Parteien keine präventiven Rechtsbehelfe ergreifen können.

Eine andere Linie führt zu den Rechtsbüchern. Diese weisen keinen Eid für Richter und Urteilsfinder auf[32]. Die Rechtspflege liegt nicht allein in der Hand des Richters, sondern vollzieht sich unter Mitwirkung der Gerichtsangehörigen: „Iewelk kersten man is sent plichtich to sukene dries in, me jare, sint he to sinen jaren komen is, binnen deme biscopdume dar he inne geseten ist[33]." Zu dem drei Mal im Jahre abgehaltenen Ding müssen also alle freien Gerichtsangehörigen erscheinen; der Richtsteig Landrechts umschreibt den Kreis dahin, „we hir inme richte erven unde eigen heft[34]."

Die Aufgaben von Richter und diesen Dingpflichtigen sind so aufgeteilt, daß der Richter nicht selbst das Urteil findet, sondern nach dem Spruch der Dingpflichtigen oder Schöffen urteilt: „was die scheffen vrteiln, das sal der richter richten, und anders nit[35]."

---

[28] S. 15.

[29] *Scheyhing*, S. 8.

[30] *Scheyhing*, S. 9—12; zu einer anderen Art des nachträglichen Schutzes gegen Maßnahmen des Richters, vgl. *Engelmann*, 5. Kap., S. 467—507 und 6. Kap., S. 514—585; es handelt sich dabei um das Sindikatsrecht.

[31] *Fuhr*, S. 147 f.

[32] *Scheyhing*, S. 110; *Planck I*, S. 103; zwar enthält Art. 180 SspLdR, S. 268, einen Hinweis auf einen Amtseid, doch bestehen keine Anhaltspunkte für seinen Inhalt. Entsprechende Bestimmungen des DspLdRs und SchwspLdRs fehlen.

[33] Art. 2 SspLdR, S. 70; vgl. dazu *Planck I*, S. 52; *Schröder*, S. 56; die Bestimmung ist übernommen von Art. 2 DspLdR und g vor Art. 1 SchwspLdR.

[34] Cap. 1 § 3 RLdR, S. 90.

[35] Cap. 7 Kaiserrecht, „Von der gewalt des richters", S. 8.
Zwickauer Rechtsbuch, Teil III, Buch 1, Art. 22, 4: „Niemande sol clagen vor

III. Das Verhältnis von Richterablehnung und Appellation

Aus diesem Grunde kommt die Glosse zum Sachsenspiegel zu der Differenzierung „merck hie einen sonderlichen vnterscheid zwischen dem Keiserlichen Rechten vnd vnserm: Nach dem Keiserrecht spricht der Richter das Vrteil selber ... Nach vnserm Rechten aber fraget es der Richter erstlich einen andern vnd sprichts darnach in seinem namen ...³⁶." Die Glosse unterscheidet hier nach dem Kaiserrecht und dem sächsischen Recht und stellt als wesentlichen Unterschied heraus, daß nach dem Kaiserrecht der Richter selbst urteilt, während er das Urteil nach sächsischem Recht zuerst von einem andern erfragt und es danach in seinem Namen verkündet. Diese Trennung von Richter und Urteilern und die Aufteilung der Aufgaben zwischen ihnen behält die Reichskammergerichtsordnung bei, da sie den Richter nur bei Stimmengleichheit zwischen den Beisitzern durch Stichentscheid an der Urteilsfindung beteiligt. Trotzdem sind die Urteiler nicht Richter, da sie keine Gerichtsgewalt haben: „Wer das vrteil findet / heist eigentlich zureden nicht der Richter / sondern der es binnen gericht an der ordentlichen gerichtsstadt ausspricht vnd eröffnet"³⁷, so die Glosse zum Sachsenspiegel.

Diese Aufteilung der Rechtsprechungstätigkeit bedeutet für die Parteien insofern einen Schutz, daß die Beeinflussung eines Urteilsfinders nicht ins Gewicht fällt, da er nach der Reichskammergerichtsordnung überstimmt werden kann bei 16 Beisitzern. Dieser Weg ist nach den Rechtsbüchern nicht eröffnet, doch besteht dort eine Kontrollmöglichkeit in dem Recht der Parteien oder der übrigen Dingpflichtigen, das Urteil zu schelten und mit dem ursprünglichen einer höheren Instanz zur Entscheidung vorzulegen. Dadurch ist ein vollständiger Rechtsschutz gewährleistet, da für den Richter das Gebot gilt: „ordel ne scal he nicht vinden³⁸." Doch halten die Rechtsbücher die Trennung von Richter und Urteiler insofern nicht strikt aufrecht, als bereits der Schwabenspiegel dem Richter ein Kontrollrecht über das gefundene Urteil einräumt. Zwar gilt der Grundsatz, daß der Richter auch kein Urteil schelten darf, „ordel ne scal he nicht scelden"³⁹, doch hat er dort unter bestimmten Voraussetzungen das Recht, ein Urteil zu dingen, wenn es ihm nicht richtig scheint: „Hoeret er ein vrteil sprechen die in

---

dem richter âne in gegenwerte der schepfen vor gehegtem dinge", S. 190 und Teil I, Art. 1, 1: „Der rât sol denne zum êrsten nâch trûwe und nâch êren kîsen vier scheppfen, die wîse sîn und recht kunnen verstên; ... bî dem richter urteil und recht ze vinden ...", S. 18; das Rechtsbuch stammt aus der Zeit zwischen 1325—1348, vgl. Ullrich, S. LXXIX f.

³⁶ Glosse zu Sachsenspiegellandrecht I, 62, Nr. 8, fol. 155.
³⁷ Glosse zu Sachsenspiegellandrecht Art. 78 § 1, Nr. 3 und die eingehende Untersuchung fol. 461 Nr. 3 und 4; vgl. dazu *Planck* I, S. 90.
³⁸ Art. 134 SspLdR, S. 212; dem entsprechen Art. 246 SspLdR und Art. 172 I b SchwspLdR.
³⁹ Art. 134 SspLdR.

nicht recht dunckct vnd mer leute wann in der sol drey zů dem minsten sein die sol er wenden als ferr er mag Vnd mag er ir nicht erwenden er dinget wol die vrteil an den herren von dem er daz gericht hat⁴⁰."

Die Ausbildung des Ablehnungsrechts wegen Befangenheit des Richters setzt voraus, daß die Gefahr einer Beeinflussung der Entscheidung durch persönliche Beziehungen zwischen Richter und Urteilern auf der einen und den Parteien auf der anderen Seite erkannt wird. Die Rechtsbücher sehen diese Gefahr nicht, sondern ordnen im Gegenteil an: „De koning unde iewelk richtere mut wol richten over hals unde over hant unde over erve iewelkes sines mannes unde mages, unde ne dut dar an weder sinen truwen nicht⁴¹." Verwandtschaftliche Beziehungen sind also für Richter und König kein Hindernis für die Ausübung der Rechtsprechung, sondern ihre Pflicht besteht weiter trotz dieser persönlichen Beziehungen. Eine Ausnahme besteht lediglich für die Dingpflichtigen, da „ordel ne mut ok nemant vinden over sinen herren unde over sinen man unde over sinen mach, dat it an er lif oder an er gesunt oder an er ere ga⁴²." Die Gegenüberstellung der beiden Bestimmungen ergibt, daß dabei nicht die Überlegung maßgebend ist, der betreffende könne befangen sein und deshalb kein objektives Urteil finden, sondern im Mittelpunkt steht die Treuepflicht zu dieser Person und diese wird durch Urteilsfindung in den bezeichneten Fällen verletzt. Ausgenommen sind davon nur der König und der Richter.

Das Verständnis für die Ausbildung des Befangenheitsrechtes setzt dagegen die begriffliche Unterscheidung von „iudex suspectus" und „iudex inhabilis", also zwischen dem verdächtigen und dem untauglichen Richter voraus.

Der Sachsenspiegel bietet in dieser Hinsicht keine Anhaltspunkte. Anders dagegen der Schwabenspiegel, der ein klares Bild von den Eigenschaften, die ein Richter besitzen muß, entwirft: „an den svln disiv ding aller keines sin. die vir hie nennen. Er sol nv̇t meineide sin. er sol ouch in der ahte. noch in dem banne nv̇t sin. ... er sol ouch ein kint von rehter. ê. sin. er sol ouch nv̇t ein gebure sin. er sol ouch nv̇t lam sin. an handen noch an fůzzen. er sol ouch nv̇t blint sin. er sol ouch nv̇t

---

⁴⁰ Art. 172 I b SchwspLdR, vgl. dazu *Kern*, S. 9; die entsprechenden Art. 109 DspLdR und Art. 56 SspLdR weisen diese Bestimmung nicht auf. Der Begriff „dingen" weist auch auf süddeutsche Quellen hin, vgl. 1. Abschnitt, 2. Kapitel. Dieser Schluß rechtfertigt sich aus der Tatsache, daß der Schwabenspiegel sonst „widerwerfen" statt „schelten" verwendet, nicht aber „dingen". Der Schwabenspiegel stellt dann noch die Beziehung von dingen zum Oberherrn, das dem sonstigen Schelteverfahren fremd ist, nicht aber den bayerischen Quellen, vgl. z. B. Art. 310 Münchner Stadtrecht, „Geding gen hof".
⁴¹ Art. 176 SspLdR; der entsprechende Art. 151 a SchwspLdR nimmt Ehefrau, Vater und Mutter davon aus.
⁴² Art. 54 SspLdR, S. 137; ebenso Cap. 48 § 1 RLdR, S. 303.

III. Das Verhältnis von Richterablehnung und Appellation 79

ein stumme sin. noch ein tore. er sol ouch. vnder eines vnd zweinzeg iarn nv̓t sin. an dem alter⁴³. er sol v̓ber ahzeg iar nv̓t sin. Sweles der dinge eines an dem man ist. der mag mit rehte nv̓t rihter gesin⁴⁴." Dies sind die subjektiven Eigenschaften, deren Vorhandensein den Zugang zum Amt des Richters erst eröffnen. Sie sind somit dem Bereich des „iudex inhabilis" zuzuordnen. Anders dagegen die vier Tugenden, die der Schwabenspiegel zusätzlich vom Richter fordert: „Ein ieglich rihter sol vier tvgede han. Die selben vier tvgede. die heizzent die kardenale fursten vber alle tvgende. Daz eine ist div rehtekeit. daz ander div wisheit. daz dritte ist sterke. daz virde ist mazse"⁴⁵.

Sie sollen eine unbeeinflußte Entscheidung des Richters gewährleisten: „Ein rihter sol gerehtekeit also han. daz er durch liebe noch durch miete. noch durch haz nv̓t en tv̓n. wan daz reht si⁴⁶." Der Richter, der diese Tugenden besitzt, ist unbefangen und dementsprechend ist an eine Ablehnung wegen Befangenheit nicht zu denken.

Einen Schritt weiter geht dann das Zwickauer Rechtsbuch, das die Tugenden eidlich bekräftigen läßt: „Die scheppfen sullen sweren alsô, daz si armen und rîchen, vrûnde und vremde, recht wollen sprechen alsô verre, als si ez wizzen und kunnen, und wollen daz nicht vorziehen durch lieb noch durch leit, ez beneme in denn unwizzende oder kiesen ein bezzers, einem boesen widerzustêne, da von si ez ûf schieben, als in got helfe und di heiligen⁴⁷." In diesem Eid findet sich somit wie in dem Eid der Reichskammergerichtsordnung das Versprechen, eine unbeeinflußte Entscheidung zu treffen und diese Einflüsse sollen nach dem Schwabenspiegel nicht durch den Eid, sondern die Tugenden des Richters ausgeschaltet werden.

Im Eid des Richters nach dem Zwickauer Rechtsbuch tritt dann noch das Gelöbnis, keine Geschenke anzunehmen, hinzu: „..., sô sol der richter sweren disen eit, der gêt alsô: daz ich got und mîme herren und der stat und allen lûten, di vor mich czu gerichte kumen, sol und wil ein gelîch richter sîn âne argelist und wil daz nicht lâsen weder durch lieb mîner vreunde noch durch gunst ander lûte noch durch leide noch durch gâbe noch durch vorchte noch durch mîn selbes gût oder ungût, daz mir dâ von entstên mochte, und ouch mîme herren, denn N, und der stat gemeine getreuwe und gewar wil sîn, als mir got sô helfe und alle heyligen. Dâ nâch sî er ein gûter und gevrônter richter uber alle clage⁴⁸."

---
⁴³ Der Schwabenspiegel übernimmt hier D. 5, 1, 12, 2.
⁴⁴ Art. 86 SchwspLdR, S. 42; die Regelung entspricht Art. 77 DspLdR.
⁴⁵ Art. 86, S. 42; vgl. dazu *Coing*, Eindringen des römischen Rechts, S. 20 und 22.
⁴⁶ SchwspLdR, Art. 86, S. 42.
⁴⁷ Teil I, Buch 1, Art. 31, S. 32.
⁴⁸ Teil III, Buch 1, Art. 2, 2, S. 168.

Auch im Zwickauer Rechtsbuch, in dem der Gedanke der eidlichen Bekräftigung der richterlichen Pflichten mit bezogen ist auf Eigenschaften, die bei ihrem Fehlen den Richter befangen erscheinen lassen, tritt wieder der Gedanke auf, daß mit Urteilen ein Schutz gegen den Richter geschaffen ist. Dieser Gedanke ist in keinem der anderen Rechtsbücher angesprochen, ergibt sich aber aus dem Verfahren der Urteilsschelte und der Aufgabenteilung zwischen Richter und Urteilern und kann deshalb unmittelbar aus diesem Verfahren abgeleitet werden. Das Zwickauer Rechtsbuch stellt dann auch den Zusammenhang mit dem verdächtigen Richter, dem iudex suspectus, her und damit ist die begriffliche Unterscheidung von iudex suspectus und iudex inhabilis vollzogen. Gleichzeitig legt aber das Rechtsbuch das Verfahren der Urteilsschelte zugrunde: „Sust sol man alle zît dem richter mit rechten urteiln weren, daz er îmandes wort spreche dar umme, daz er unvordâcht blîbe ungerichtes[49]." Danach kann dem verdächtigen Richter aber mit der Urteilsschelte begegnet werden. Die Parteien haben demnach nicht einen vorbeugenden Rechtsbehelf gegen den Richter nach dem Verfahren der Urteilsschelte, wenn sie ihn für befangen halten, sondern können das Urteil schelten, wenn sie es für beeinflußt und deshalb für unrichtig halten. Damit erfüllt die Urteilsschelte auch die Aufgabe einer Rekusation des Richters, da der befangene Richter nicht notwendig auch ein unrichtiges Urteil fällen muß und die Parteien nicht darauf angewiesen sind, das letzte Urteil abzuwarten, sondern jedes Urteil mit der Urteilsschelte angreifen können.

Ein vergleichbarer Tatbestand findet sich in der Kanonistik: „Quociens episcopi se a suis conprouincialibus uel a metropolitano putauerint pregrauari, *aut eos suspectos habuerint*, mox Romanam appellent sedem, atque eis libere ire liceat", Decretum Gratiani C. II qu. 6 c. 16. Eine Appellation ist möglich, wenn eine Beschwer auferlegt wird, das ist die bereits behandelte Appellation gegen jedes gravamen, oder wenn der Richter für suspekt gehalten wird. Die „suspicio" berechtigt aber zur Richterablehnung. Das Rechtsmittel ist demnach die Appellation unabhängig davon, ob im Grunde eine Rekusation vorgebracht wird oder aber eine Anfechtung der Sachentscheidung erfolgt. Die Glosse zu C. II qu. 6 c. 16 stellt deshalb beide Rechtsbehelfe zur Verfügung: „Nota quod potest a iudice suspecto recedi per appellationem, vel etiam per recusationem[50]." Diese Gleichstellung ist ohne Widerspruch, da in der Verhandlung vor dem iudex suspectus ein gravamen zu sehen ist und nach kanonistischer Auffassung die Appellation gegen jedes gravamen zulässig ist. In dieses Bild fügt sich auch das Dictum Gratiani zu C. II qu. 6

---

[49] Teil III, Buch 1, Art. 15, 6, S. 184.
[50] „Appellent", col. 655 und wiederholt zu C. II qu. 6 c. 39, „Tertio in eadem", col. 671.

III. Das Verhältnis von Richterablehnung und Appellation 81

c. 17 ein, wo Gratian eine Unterscheidung nach dem Zeitpunkt und der Art der Entscheidung trifft: „Obpressi et se pregrauari putantes intelliguntur ante datam sententiam, iniuste dampnati post datam." „Obpressi" und „se pregrauari putantes" sind folglich Parteien, die vor Fällung des Urteils appellieren, „iniuste dampnati" ist die Bezeichnung für Parteien, die gegen ein Urteil appellieren, das bereits eine Entscheidung in der Sache getroffen hat.

Die Unterscheidung bei Gratian danach, ob eine Beschwer vorliegt oder ein unrichtiges Urteil gesprochen ist, ist im Hinblick auf die Richterablehnung sinnvoll, da die Verhandlung vor dem befangenen Richter eine Beschwer enthält und dieser trotzdem nicht notwendig ein in der Sache anfechtbares Urteil fällen muß[51]: „Si quis iudicem aduersum sibi senserit, uocem appellationis exhibeat", Decretum Gratiani C. II qu. 6 c. 21, wo dieser Zusammenhang noch viel allgemeiner hergestellt wird ohne Beziehung auf ein gravamen.

Dieses Ergebnis hat Geltung nur für das 12. Jahrhundert und kann sich auch auf Dekretalen aus dieser Zeit stützen: „Quia uero inimicitia uel contrarietate aliquis parochianus a iudicio diocesani episcopi eximatur: quia nos consulere uoluisti, discretioni tuae duximus respondendum, quod non solum pro inimicitia, sed etiam pro manifesta causa suspicionis potest sui episcopi iudicium euitare, et ad iudicem superiorem recurrere, cum nullus a suspecto iudice debeat iudicari[52]." Bei einem begründeten Verdacht, daß der Richter befangen sei, kann sich jeder an den höheren Richter wenden, da niemand die Entscheidung eines befangenen Richters zuzumuten ist.

Dieser Zusammenhang bleibt auch bestehen, nachdem Rekusation und Appellation selbständig nebeneinander stehen: „Super eo vero, quod interdum iudices delegati ab altera partium tanquam suspecti recusantur, hoc tuae prudentiae praesentibus literis innotescat, quod, quum Sacri canones et ante et post litis contestationem, et in prolatione sententiae, et post sententiam singulis facultatem tribuunt appellandi, leges autem saeculares appellationem, nisi in casibus, ante sententiam non admittunt, in causis quoque ecclesiasticis, ubi appellationis remedium tollitur, utrumque remedium denegatur, et ideo, sicut appellationi, ita (et) recusationi non est aliquatenus deferendum[53]." Nach dieser Dekre-

---

[51] *Schmitz*, S. 6, trifft eine Unterscheidung nur nach dem Zeitpunkt vor oder nach dem Urteil; die hier vertretene Auffassung dürfte aber im Hinblick auf die Richterablehnung die zutreffende sein.
[52] Es handelt sich um eine Dekretale Alexanders III., die in der I. Comp. enthalten ist, Dekretale 2, 1, 3, S. 12; ebenso Collectio Brugensis, Tit. 47, 26: „...licet idem M. propter suspectum iudicem ad sedem ap. appellauerit. Quia uero nemo sub suspecto iudice tenetur litigare...".
[53] Dekretale X 2, 28, 12.

tale ist die Rekusation nicht zulässig, wenn die Appellation ausgeschlossen ist. Hergenröther[54] möchte diesen Grundsatz nicht streng durchführen, da beide Rechtsmittel in ihren Voraussetzungen doch nicht vollständig gleich seien. Der tiefere Sinn der Bestimmung liegt jedoch darin, daß die appellatio ante sententiam zunächst auch das Rechtsmittel für eine Rekusation war. Aus diesem Grunde sind beide Rechtsmittel dahin beschränkt, daß sie in ihrem Schutzbereich denselben Umfang haben und deshalb der Ausschluß des einen auch den Ausschluß des anderen bewirkt[55].

In späterer Zeit erfährt dieser Grundsatz eine positive Formulierung dahin, daß immer dann, wenn eine Rekusation statthaft ist, auch die Appellation möglich ist: „hoc est, quod ab illo, qui potest recusari possit appellari, et econtra et eisdem causis, et dic, quod non, nam in certis casibus habet recusatio, non tamen appellatio: ab exsecutore[56]." Die Ausnahmen sind für diesen Zusammenhang ohne Bedeutung.

Die Appellation soll eine materiell richtige Entscheidung sicherstellen, während die Rekusation die Rechtsprechung objektiv und frei von persönlichen Einflüssen auf den Richter halten soll. Nach den Canones kann ante sententiam sowohl appelliert also auch der Richter wegen Befangenheit abgelehnt werden.

Damit wird die Präklusionswirkung der litis contestatio für die Rekusation umgangen, wenn eine Appellation auch auf die Gründe, die zur Rekusation berechtigen, gestützt werden kann und diese Appellation nach der litis contestatio eingelegt wird. Beide Rechtsmittel sind also wegen ihres verschiedenen Angriffsziels doch verschieden zu beurteilen: „Nos non credimus, quod a iudice delegato, vel ordinario possit appellari ex ea causa, quia suspectus est, cum tunc habeat certum remedium, scilicet, recusationis. 3. q. quia suspecti. Item licet causa suspicionis sit contra eum, non tamen sequitur, quod grauaret, quia iudex suspectus bene posset procedere in causa, ita quod nullam partem grauaret, et appellatio non habet locum, nisi a grauamine. sup. eo. vt debitus. sed ista decre. videtur dicere contra. sc. quia commonitus potest recusare iudicium monitoris, et etiam potest appellare ab eo, et sic videtur, quod vtrunque remedium habeat, scilicet, recusationis et appel-

---

[54] S. 30 f.
[55] Vgl. dazu auch Collectio Cantabrigiensis, c. 18, S. 12: „Quod nec canones nec consuetudo Romanae ecclesiae habet ut aliquis delegatos a Ro. eccl. iudices recusare ualeat nisi ei fuerit appellationis remedium reseruatum"; und Dekretale 2, 20, 18 der I. Comp., S. 20.
[56] Vgl. Ordo „Si quis vult", bei Wahrmund IV, 4, S. 23; Ordo „Invocato Christi Nomine", § Hic competenter, bei Wahrmund V, 1, S. 43 f. Die Stellungnahme stammt von dem späteren Henricus Bohic, Super secundo Decretalium, Tit. „De appellationibus", § In causis, Nr. 1, S. 341.

lationis. Sed responde, et dic, quod ex eadem non potest recusare, et appellare, f. quia sit sibi suspectus, sed contra eundem vel eodem tempore vel diuersis potest petere, et recusatio propter suspicionem, et appellatio propter grauamen[57]." Diese Stellungnahme stammt von Sinibaldus Fliscus, dem späteren Papst Innocenz IV. Er beschränkt beide Rechtsbehelfe ihrer Aufgabe entsprechend. Die Rekusation gegen den iudex suspectus und die Appellation gegen ein gravamen. Sinibaldus Fliscus sieht somit in der Verhandlung vor dem verdächtigen Richter kein gravamen mehr. Seine Auffassung begründet er damit, daß der befangene Richter nicht notwendig auch in der Sache eine unrichtige Entscheidung treffen muß.

Diese Lösung aus der Mitte des 13. Jahrhunderts hat nichts mehr mit der Lösung der Rechtsbücher und dem Verfahren der Urteilsschelte gemeinsam. Gemeinsamkeiten können aber auch in anderer Hinsicht zwischen der frühen Kanonistik und Legistik und den Rechtsbüchern bei der Behandlung dieser Problematik festgestellt werden.

Die Schwierigkeit der begrifflichen Unterscheidung von iudex suspectus und iudex inhabilis ist dabei nicht zu übersehen.

Gratian erörtert nur die subjektiven Voraussetzungen für das Richteramt und übernimmt dazu D. 5, 1, 12, 2[58]. In diesem Punkt stimmt nicht nur der Schwabenspiegel mit Gratian überein. Mit dem anderen Gebot: „In una enim eademque causa nullus simul potest esse accusator et iudex"[59], daß also der Richter nicht zugleich Kläger sein darf, ist Art. 180 SspLdR vergleichbar: „De richtere ne mach nemanne an spreken, mit vormunden noch ane vormunden, sunder den klegere to kampe wart"[60] und deutlicher Art. 155 SspLdR: „went de richtere ne mach beide klegere unde richtere nicht sin"[61], er geradezu als Übersetzung der Gratianstelle erscheint. Gratian denkt dabei nicht an Befangenheit, sondern an die Grundstruktur des Prozesses, die mehrere und in ihrer Person verschiedene Teilnehmer verlangt: „Nullus umquam presumat accusator simul esse et iudex uel testis, quoniam in omni iudicio quatuor personas semper esse necesse est[62]."

---

[57] Sinibaldus Fliscus, Dekretalenkommentar, Lib. II, Tit. „De appellationibus", cap. 60, „Cum speciali", Nr. 1, fol. 335; vgl. dazu auch Guido de Baysio, Glosse zum Dekret, C. II qu. 6 § Quoties, fol. 134 Nr. 2; Joannis Andreae, Novella zu 2, 28, 61 Nr. 1.
[58] Vgl. dazu *Jacobi*, S. 245.
[59] Dictum Gratiani zu C. II qu. 1 c. 17.
[60] S. 269.
[61] S. 238; vgl. dazu *Köbler*, S. 60 und 111.
[62] C. IV qu. 4 c. 1; vgl. dazu auch c. 2.
Die Gratianstelle wird auch z. B. vom Ordo des Codex Bambergensis übernommen: „Praeterea in omni iudicio quatuor personas necesse est esse".

D. 5, 1, 12, 2 ist allgemein anerkannt[63] und wird teilweise mit der Rekusation in Verbindung gebracht, obwohl es sich bei den subjektiven Voraussetzungen des Richters in strengem Sinne nicht um Befangenheitsgründe handelt: „Iudex talis debet esse quod non possit refutari natura nec lege. natura refutantur minores XXV annis, sicut non possunt esse arbitri. similiter surdi et muti. iure refutantur femine et serui et infames"[64] und der spätere Felinus Sandeus bezieht die exceptio recusationis auf das defectum naturae, obwohl iudex inhabilis und iudex suspectus schon begrifflich unterschieden sind: „Si exceptio recusationis concernit defectum naturae, quia forte iudex est mutus, furiosus, vel infans, potest opponi etiam post litem contestatam[65]." In diesen Fällen gilt die Präklusionswirkung der litis contestatio nicht. Daneben tritt auch die Beschwörung der Amtspflichten auf: „Judex jurat, cum veritate et legum observatione se judicaturum in singulis, sicut fuerit visum justum[66]."

Die Summa Trecensis erörtert dann ein Beispiel, das zu Appellation und Rekusation gehört: „Non est opus prouocatione, si iure lata sententia non tenet, ut si contra ius sit pronuntiatum, aut eo pro constanti habito quod apud ordinarium iudicem pendet in questione, uel iudex aliter quam ei iure permittatur iudicet, seu uenalem mercede corruptus sententiam proferat, uel si quo alio modo sit irritum quod statuit[67]." Das Urteil ist durch die Beeinflussung des Richters sachlich unrichtig. Der Tatbestand rechtfertigt an sich die Rekusation, wenn er bereits vor der litis contestatio bekannt ist. Die Summe kommt hier zur Nichtigkeit.

Die begriffliche Unterscheidung von iudex inhabilis und iudex suspectus vollzieht sich dann allmählich. Das Rechtsbuch von Ashburnham stellt das Verbot für den Richter auf, in eigener Sache zu richten: „Nemo in sua causa debet esse iudex. Iniquum enim est in re propria alicui tribuere licentiam sententiam proferre[68]." Anders als Gratian und Sachsenspiegel geht dieses Rechtsbuch von der Befangenheit aus, da es die zwei Rollen des Richters ausdrücklich auf die Entscheidung in seiner eigenen Sache und nicht auf die Gerichtsverfassung bezieht.

Ähnliche Bestimmungen weisen auch deutsche Rechtsquellen auf, ohne sich auf die Befangenheit des Richters zu beziehen: „Der richter sol

---

[63] Summa Trecensis, Lib. 3, Tit. 1, „De ivdiciis", Nr. 5, S. 47; Summa Rogerii, III, 1, Nr. 8, S. 82.

[64] Lo Codi Lib. 3, Tit. 2, „Quis potest esse iudex et qui non", S. 38 f.

[65] Super Decretalium, Lib. II, Tit. 27, „De sentencia et re iudicata", Nr. 11, fol. 105.

[66] Bulgarus de judiciis, § 2, S. 15.

[67] Summa Trecensis, Lib. 7, Tit. 38, „Quando provocare non est necesse", Nr. 1, S. 259.

[68] Tit. 65, „Ut quis de se iudicium non proferat", S. 51; wörtlich übernommen von den Exceptiones Petri, Lib. 4, Tit. 13, S. 179.

ouch niemandes wort sprechen, di clag trêt in denne selber an, sô daz er einen gesworn man di wîle zu richten setze, und ouch, ob es sîn ingesinde antrit, daz ist sîn wîp, sîn kint, sîn meid, sîn knecht ader sîn brôtessen ader sînes gastes, ob der nicht vorsprechen gehabet mac[69]." Die Ausschlußgründe umfassen auch verwandtschaftliche, freundschaftliche und persönliche Beziehungen[70]. Weiter geht das Zwickauer Rechtsbuch aber nicht. Es gelangt nicht zur Ausbildung eines Befangenheitsrechtes.

Dagegen erörtert dann das Tübinger Rechtsbuch die Ablehnung des ordentlichen und des delegierten Richters, auf den sich das Rechtsbuch von Ashburnham beschränkt hatte[71]. Nach dem Tübinger Rechtsbuch kann der ordentliche Richter nicht wegen Befangenheit abgelehnt werden, wohl aber der delegierte: „Iudicium ordinarii iudicis nemo recusare potest: sed si accusator vel reus ordinarium iudicem suspectum habeat, ei qui suspectum iudicem putat, episcopum vel alium probum virum invocare licet, ut simul ambo iudicent[72]." Die aufgezeigte Lösung, daß ein dritter neutraler bei Besorgnis der Befangenheit gegen den Richter zugezogen werden kann, soll nicht weiter verfolgt werden, da sie das vorliegende Problem nicht weiterführt. Im Nachsatz begegnet dagegen ein anderes Verhältnis von Rekusation und Appellation, das bisher nirgends aufgetreten ist: „Et si de iudicio concordaverint, ipse qui episcopum vel alium invocavit, nullo modo poterit provocare sententiam[73]." Wenn der neutrale dritte, den die Partei angerufen hat, mit dem für befangen gehaltenen Richter im Urteil übereinstimmt, dann ist dieser Partei der Weg für weitere Rechtsmittel, also die Appellation, verschlossen, nicht aber der anderen Partei, die von diesem Recht keinen Gebrauch gemacht hat[74].

Deutlich vollzogen ist die begriffliche Unterscheidung von iudex inhabilis und iudex suspectus in der Kanonistik bei Rufinus: „A iudicando autem removebuntur, non solum si sunt inimici, sed etiam si quo modo a reo suspecti habeantur, et non solum datos tunc iudices,

---

[69] Zwickauer Rechtsbuch, Teil III, Buch 1, Art. 15, 6, S. 184.

[70] Diesbezügliche Bestimmungen weisen auch das Baierische Landrecht von 1346, Tit. 1, Art. 4 § 3, S. 493 und Art. 154 Steiermärkisches Landrecht, S. 141, auf.

[71] Tit. 66, S. 51.

[72] Tübinger Rechtsbuch, Tit. 127, „De qualitate iudicum", S. 223 f.

[73] Anders für diesen Fall „Actor et reus", da zu befürchten ist, der befangene Richter beeinflusse auch die beigeordneten Richter, S. 422 f.

[74] Tübinger Rechtsbuch, S. 224. Die Lösung entspricht der für den arbiter communi consensus electus, dessen Entscheidung im Gegensatz zum arbiter iuris nicht anfechtbar ist: „a iudicibus, quos communis consensus eligerit, non liceat prouocari", Decretum Gratiani, C. II qu. 6 c. 33. Zum arbiter iuris vgl. Dekretale 1, 14, 11 in VI°.

86 III. Das Verhältnis von Richterablehnung und Appellation

sed etiam suos iudices ordinarios rei poterunt refutare, ut patenter colligitur ex illo capitulo huius questionis, ita tamen ut superiorum suorum, et non aliorum ordinariorum iudicum, tribunal expetant[75]." Rufinus gibt das Recht zur Rekusation demnach nicht nur bei Feindschaft, sondern er prägt bereits den weiten Begriff der „suspicio" als Rechtfertigung für eine Rekusation. Damit ist auch die Auffassung Jacobis, die Dekretisten hätten die Rekusation noch nicht behandelt, widerlegt[76].

Es bestehen somit im deutschen Recht, in der Legistik und der Kanonistik parallele Entwicklungen, die von der allmählichen begrifflichen Unterscheidung von iudex inhabilis und iudex suspectus gekennzeichnet sind. So kennt bereits Gratian den iudex suspectus, hält dieser aber noch für untauglich, Richter zu sein: „Qui inimici sunt, iudices esse non possunt. Quia suspecti et inimici iudices esse non debeant, et ipsa ratio dictat, et plurimis probatur exemplis[77]."

Das letzte Glied in dieser Kette bildet dann die Summa Parisiensis, die Rekusation und Appellation gegeneinander stellt und nach ihrem Rechtsgrund abgrenzt: „Secundum leges Romanas duo sunt remedia: recusatio judicis ante ventilationem causae; ante sententiam et post appellare possum[78]." Die Summa gibt das Rechtsmittelsystem des römischen Rechts wider. Dieses kennt zwei Rechtsmittel, Rekusation und Appellation. Die Rekusation ist auf das Stadium „ante ventilationem causae", also vor der litis contestatio, beschränkt.

Die Summe wiederholt diese Lehre noch einmal zu C. XVI qu. 3: „Decretum illud contra fas et pium loqui videtur. Litiganti etenim duo sunt prodita remedia. Ante litem contestatam licet judicem refutare si suspectum eum putaverit. Post datam sententiam licet appellare infra decem dies[79]." Damit sind alle Voraussetzungen für die Ausbildung einer Rekusationslehre erfüllt, da iudex suspectus und iudex inhabilis begrifflich geschieden sind und die beiden Rechtsmittel ihrem Zweck nach in den Prozeß eingegliedert sind.

Die Reichskammergerichtsordnung von 1495 enthält keine Bestimmung über die Ablehnung des Kammerrichters oder eines Beisitzers wegen Befangenheit. Ein bestimmtes Verhältnis von Richterablehnung

---

[75] Rufinus, Summa zu C. III qu. 5, S. 267.
[76] *Jacobi*, S. 248.
[77] Decretum Gratiani, C. III qu. 5 c. 15; auf diese Zusammenhänge hat *Legendre*, S. 138 mit Anm. 3 und 4 aufmerksam gemacht.
Vgl. dazu auch die Summe des Stephan von Tournai zu C. III qu. 5, S. 196 und C. XI qu. 1, S. 212, der die Rekusation ebenfalls behandelt.
[78] Summa Parisiensis zu C. II qu. 6, S. 108.
[79] S. 183 f.

III. Das Verhältnis von Richterablehnung und Appellation

und Appellation kann deshalb aus der Reichskammergerichtsordnung nicht hergeleitet werden. Für das Verfahren vor dem Reichskammergericht nach 1495 gilt aber die Feststellung, daß die Ablehnung anerkannt war.

Die angesprochene Problematik zeigt mehrere Lösungswege. In der Reichskammergerichtsordnung selbst bietet der Eid für Kammerrichter und Urteiler einen Anhaltspunkt dafür, daß die Frage der Befangenheit der Gerichtspersonen noch nicht dem Vorbild des gelehrten Rechts entsprechend gesehen wird, sondern einer Beeinflussung des Urteils durch äußere Umstände durch den Eid vorgebeugt wird. Damit knüpft die Reichskammergerichtsordnung insofern an die Tradition der Rechtsbücher an, als diese zwar keinen Eid für den Richter aufweisen, aber das Reichskammergericht noch zwischen Richter und Urteilern unterscheidet. Dieser Ausgangspunkt führt dann auch direkt auf das angesprochene Problem. Das Verfahren der Urteilsschelte bewegt sich von Urteil zu Urteil fort. Dabei unterliegt jedes gefundene Urteil der Schelte. Die Parteien sind folglich gegen jede belastende Entscheidung geschützt und können bei einer unrichtigen das Rechtsmittel ergreifen. Der Rechtsschutz weist keine Lücke auf und ist auch in sich geschlossen, da ein befangener Richter oder Urteiler nicht notwendig eine sachlich unrichtige Entscheidung treffen muß.

Das Verfahren der Urteilsschelte weist in diesem Punkte eine große Übereinstimmung mit der kanonistischen Appellation gegen jedes Gravamen auf. Noch bei Gratian und frühen Dekretalen findet sich die Lösung, daß eine Partei wegen eines befangenen Richters appellieren kann. Diese Appellation ist zu jedem Zeitpunkt möglich, also insbesondere schon vor dem Endurteil.

Die selbständige Ausbildung einer Richterablehnung wegen Befangenheit und damit die Trennung auch von der Appellation oder nach dem Verfahren der Urteilsschelte von dieser setzt die begriffliche Unterscheidung von befangenem und untauglichem Richter voraus. Dazu kommt es erst im Laufe der Entwicklung. Zuerst erörtern die Rechtsbücher, aber auch die Quellen des gelehrten Rechts, nur die subjektiven Voraussetzungen für das Amt des Richters, wobei auch hier schon Gründe auftreten, die später den Richter als befangen erscheinen lassen. Im Zuge dieser Entwicklung verdienen die Richtertugenden, die der Schwabenspiegel erörtert, eine weitergehende Würdigung[80], da die Erörterung nicht nur auf das Vorbild des gelehrten Rechts hinweist[81], sondern diese Tugenden auch in Beziehung zur Befangenheit des Richters dahin gedeutet werden können, daß der in diesem Sinne

---
[80] *Scheyhing* stellt diesen Zusammenhang nicht her, vgl. S. 184 ff.
[81] Vgl. *Scheyhing*, besonders S. 185.

tugendhafte Richter nicht befangen sein kann. Zumindest beginnt sich aber bereits in diesen Darstellungen die Unterscheidung von befangenem und untauglichem Richter abzuzeichnen.

Die Reichskammergerichtsordnung weist somit mit der aufrecht erhaltenen Trennung zwischen Richter und Urteilern eine Bindung an die Überlieferung des deutschen Rechts auf wie sie von den Rechtsbüchern her bekannt ist und, was den Eid anbelangt, über den Ständischen Entwurf von 1486 über die Kammergerichtsordnung von 1471 bis zum Eid des Reichshofrichters im Mainzer Reichslandfrieden und den Capitularien. Als wesentliches Ergebnis für die Quellen des gelehrten Rechts läßt sich festhalten, daß entgegen der Auffassung Jacobis bereits bei Gratian und den älteren Dekretisten eine Rekusationslehre vorhanden ist. Für Gratian und einige ältere Dekretalen gilt dabei die Besonderheit, daß Rekusation und Appellation vor dem Endurteil der Sache nach dasselbe sind, die Rekusation also noch nicht als selbständiger Rechtsbehelf besteht.

Für die kirchliche appellatio ante sententiam und ihrem Verhältnis zur recusatio iudicis kommt die nach dem Abschluß des Manuskripts erschienene Untersuchung von Linda Fowler[82] in den wesentlichen Punkten zu denselben Ergebnissen.

---

[82] „Recusatio iudicis in civilian and canonist Thought", Studia Gratiana, Band 15.

Zusammenfassung und Ergebnisse

Die Appellationsbestimmungen der Reichskammergerichtsordnung von 1495 sind für die Entwicklung des Prozeßrechts von besonderer Bedeutung. Vordergründig sind sie ein Teil der Justizreform mit der Errichtung des Reichskammergerichts und stehen damit im Zusammenhang mit der Reichsreform zu Ende des 15. Jahrhunderts. Weit wichtiger ist aber ihr Einfluß auf das Prozeßrecht, obwohl die Regelung der Appellation in der Reichskammergerichtsordnung nur lückenhaft ist. Die vorhandenen Bestimmungen führen aber zu vielen Fragen und Problemen des mittelalterlichen deutschen und des gelehrten Rechts.

Im Mittelpunkt steht die Frage nach dem Verhältnis von Urteilsschelte des deutschen und Appellation des gelehrten Rechts. Während die Quellen zum gelehrten Recht den Inhalt der Appellation sehr deutlich hervortreten lassen, bleibt bei der Urteilsschelte infolge der spärlichen Aussagen der deutschen Quellen vieles dunkel. Die Gerichtsordnung des Oberhofgerichtes zu Leipzig aus dem Jahre 1488 zeigt jedoch, daß die Urteilsschelte noch zur Zeit des Reichskammergerichts bekannt ist und nicht mit der Appellation des gelehrten Rechts gleichgesetzt werden kann. Die hauptsächlichen Unterschiede sind in der Gerichtsverfassung begründet und der Einstufigkeit des Verfahrens nach der Urteilsschelte. Die richterliche Tätigkeit ist bei der Urteilsschelte zwischen dem Richter und den Urteilern aufgeteilt; bei der Appellation des gelehrten Rechts ist Gegenstand der Anfechtung die Entscheidung des grundsätzlich allein entscheidenden Richters. Durch die Appellation wird der Rechtsstreit insgesamt auf eine höhere Instanz übertragen, während sich bei der Urteilsschelte nur ein Zwischenstreit über die Frage, welches von zwei Urteilen das richtigere sei, vor einem höheren Gericht anbahnt, während der Streit in der Hauptsache bis zur Endentscheidung in der unteren Instanz verbleibt und deshalb ein novum iudicium in der Sache selbst durch ein höheres Gericht ausgeschlossen ist.

Vor diesem Hintergrund bekommen die Appellationsbestimmungen der Reichskammergerichtsordnung ihre besondere Bedeutung, da sie neben dem spürbaren Einfluß der verfassungsrechtlichen Entwicklung sowohl Elemente der Urteilsschelte als auch des gelehrten Rechts aufweisen.

Diese Vielschichtigkeit wird bereits an der Regelung des Instanzenzuges zum Reichskammergericht in § 13 deutlich. Diese Bestimmung spiegelt zunächst die entgegengesetzten Interessen zwischen Zentral- und Territorialgewalt wider, da durch das Verbot einer appellatio per saltum jeder Territorialfürst der Achtung seiner Gerichtshoheit sicher sein konnte. Für diejenigen unter ihnen, die außerdem Appellationsprivilegien besaßen, bedeutete § 13 ein zusätzlicher Schutz gegen Umgehung des Appellationsverbots. Für den Instanzenzug und die Pflicht der Parteien, diesen stufenweise zu verfolgen, gibt es Anhaltspunkte im deutschen Recht, so in den Rechtsbüchern, aber auch in der Reichsgesetzgebung des 15. Jahrhunderts. Das Mandat von 1192 gehört entgegen der allgemeinen Meinung nicht in diesen Zusammenhang, da dort nur die Frage einer Anrufung des Königs vor gescholtenem Urteil geregelt wird. Dies beinhaltet keine Festlegung des Instanzenzuges. Dieses Beispiel zeigt, daß eine begründete Stellungnahme nur unter Heranziehung des Vergleichsmaterials aus dem gelehrten Recht möglich ist. So finden sich auch für „gradatim" in § 13 Anhaltspunkte im gelehrten Recht, wobei zwischen Kanonistik und Legistik zu unterscheiden ist. Die Lösung in § 13 entspricht der legistischen Auffassung mit der Einschränkung, daß die Möglichkeit einer Verweisung an den zuständigen Richter in § 13 nicht geregelt ist. Für die Kanonistik dagegen gilt das Gebot, eine Appellation nur stufenweise zu verfolgen, nicht für eine Appellation an den Papst; sie ist von jeder Instanz aus zulässig. Für die Entwicklung des Prozeßrechts ist bleibend die in diesem Zusammenhang erörterte Möglichkeit einer Prorogation durch die Parteien, da der Beklagte in der Appellationsinstanz die Unzuständigkeit des Richters mit einer Einrede geltend machen kann, wenn nicht gradatim appelliert ist. Dieser Weg ist nach § 13 nicht eröffnet, da das Reichskammergericht von Amts wegen zu prüfen hat, ob der Instanzenzug eingehalten ist.

Die Reichskammergerichtsordnung regelt dagegen nicht ausdrücklich die Frage, ob die Parteien in der Appellationsinstanz neue Tatsachen und Beweismittel einführen können. Die Zulässigkeit solcher nova ist für die Umgestaltung der Urteilsschelte in die Appellation des gelehrten Rechts von ausschlaggebender Bedeutung, da diese neuen Tatsachen und Beweismittel in der Appellationsinstanz erst ein neues Urteil in der Sache selbst ermöglichen. Mit der Abwendung vom bisherigen Grundsatz der Mündlichkeit des Verfahrens in § 14 ist auch die Anerkennung von neuen Tatsachen und Beweismitteln durch die Reichskammergerichtsordnung anzunehmen, da die Schriftsätze in Appellationssachen andernfalls weitgehend an Bedeutung verlieren. In diesem Punkt hat nur das gelehrte Recht Pate gestanden, da die Urteilsschelte mit dem Zwischenstreit in der höheren Instanz und keiner Verhandlung in der Hauptsache von diesem Problem nicht berührt wird, während das ius novorum im gelehrten Recht anerkannt ist und breiten Raum in der Diskussion bezüglich seines Umfangs einnimmt. Eingeschränkt ist das Recht bei der Appellation gegen Interlokute, um eine weitere Verzögerung der Hauptentscheidung zu verhindern. Teilweise wird auch der Ausschluß von nova für den Fall gefordert, daß Zeugen vernommen und deren Aussagen bekannt gemacht sind. Dann sollen keine neuen Zeugen über diesen Gegenstand zulässig sein, da eine Beeinflussung zu befürchten ist. Die Legisten diskutieren die Problematik im Hinblick darauf, ob das Verfahren der Appellationsinstanz eine Einheit bilde mit dem der ersten Instanz, da dort nur dreimalige Einführung von Zeugen zulässig ist und deshalb bei Annahme einer Einheit notwendig der Ausschluß von neuen Zeugen in der Appellationsinstanz folgt, wenn bereits in der ersten dreimal Zeugen vorgeführt sind. Diese Differenzierung wird von der einzigen Quelle vor 1495, die ausdrücklich ein ius novorum regelt, nicht übernommen. Die Nördlinger Appellationsordnung von 1486 läßt allgemein neuen Prozeßstoff zu.

Eine sehr umfassende Regelung erfährt dagegen das Versäumnisverfahren gegen den Beklagten in § 22. Die Reichskammergerichtsordnung knüpft dabei mit dem Verfahren auf Acht und Aberacht an die ältere Reichsgesetzgebung und die Rechtsprechung des Reichshofgerichts an, während die Rechtsbücher dieses Verfahren für Zivilsachen ausdrücklich ausschließen. Bei dem Einsatz ex primo decreto und der einseitigen Verhandlung in der Sache mit Beweisaufnahme und Endurteil werden mehrere Gedanken vermischt. Die Rechtsbücher kennen die einseitige Verhandlung nur mit der Maßgabe, daß ohne Prüfung der tatsächlichen oder rechtlichen Lage der säumige Beklagte in der Sache unterliegt und der Kläger obsiegt. Daneben ist auch die Besitzeinweisung möglich bei Streit um Sachen. Darin stimmen die Rechtsbücher mit Kanonistik und Legistik überein, die zunächst bei Säumnis vor der litis contestatio keine Verhandlung in der Sache zulassen. Anders dagegen bei Säumnis erst in der Appellationsinstanz, da dort immer anerkannt war, daß auch bei Säumnis des Beklagten vor der litis contestatio in der Sache verhandelt werden kann. Für dieses Eremodicialverfahren kann also nur das gelehrte Recht als Vorbild angenommen werden, während bei dem Einsatz ex primo decreto nur der Name auf das gelehrte Recht hinweist, in der Sache aber auch die Rechtsbücher dieses Verfahren kennen.

Der Ausschluß einer Appellation gegen Interlokute in § 24 folgt wieder ausschließlich Regeln des gelehrten Rechts, da das Verfahren der Urteilsschelte eine Unterscheidung nach der Natur der Urteile nicht kennt, sondern jede Entscheidung Urteil ist und deshalb der Anfechtung unterliegt. Die Reichskammergerichtsordnung übernimmt dazu die legistische Lehre, da die Kanonistik eine Appellation gegen jede Beschwer zuläßt.

Anders wieder bei der Regelung des Calumnieneides in § 10, wo die Reichskammergerichtsordnung der Dekretale 2, 4, 2 des Liber Sextus folgt. Danach ist, entgegen der Auffassung der Legisten, der Calumnieneid in der Appellationsinstanz auch dann abzulegen, wenn er bereits in der ersten Instanz abgelegt ist. Der zusammen mit dem Calumnieneid zu leistende Malicieneid kommt aus dem kanonischen Recht und dient darüber hinaus den Appellationseiden des deutschen Rechts als Vorbild. Diese sind nicht aus der Dekretale 2, 4, 2 in VI° abzuleiten, da dort nur die Auffassung der Legisten abgelehnt wird, sondern aus diesem Malicieneid, der von Fall zu Fall zu leisten ist, wenn der Richter ein bestimmtes Verhalten der Parteien ausschließen möchte.

Die Appellationsbestimmungen der Reichskammergerichtsordnung zeigen somit ein buntes Bild. In der Reichskammergerichtsordnung wird die „Romanisierung" des Verfahrens vor dem Reichskammergericht festgelegt, da das Rechtsmittel nach der Reichskammergerichtsordnung nicht mehr die Urteilsschelte, sondern die Appellation des gelehrten Rechts ist. Trotzdem enthalten die Appellationsbestimmungen nicht nur gelehrtes Recht, sondern auch viele Regeln des deutschen Rechts, wie es in den Rechtsbüchern und Stadtrechten begegnet. Daneben bestehen auch starke Einflüsse der Reichsgesetzgebung. Die einzelnen Bestimmungen haben immer wieder auf Gemeinsamkeiten und Berührungspunkte zwischen Urteilsschelte und Appellation geführt. Beide Rechtsmittel sind ganz verschieden und doch wieder vergleichbar, so daß bereits mit der Übernahme des ius novorum und die Übertragung nicht nur des Zwischenstreits, sondern des Rechtsstreits selbst, der Übergang von der Urteilsschelte zur Appellation vollzogen ist.

Die Trennung von Richter und Urteilsfindern ist zwar ein besonderes Kennzeichen der Urteilsschelte, doch hängt davon allein dieses Verfahren nicht ab, da die Reichskammergerichtsordnung diese Trennung trotz Anerkennung der Appellation des gelehrten Rechts beibehält.

Diese Feststellung führt zu einem letzten Ergebnis, das die Annahme, daß Urteilsschelte und Appellation doch nicht so weit voneinander entfernt sind, bestätigt. Bei dem Verhältnis von Richterablehnung und Appellation fällt die anfängliche Gleichbehandlung beider Rechtsmittel bei Gratian und älteren Dekretalen auf. Diese lassen die Appellation gegen den befangenen Richter zu und erörtern die Rekusation als besonderes Rechtsmittel zum Schutze gegen den befangenen Richter noch nicht. Beide Rechtsmittel sind in der Appellation vor dem Endurteil zusammen gefaßt. Nach kanonistischer Lehre kann jedes Gravamen angefochten werden. Das Verfahren der Urteilsschelte kennt keine

Richterablehnung wegen Befangenheit. Dagegen besteht die Möglichkeit, jede Entscheidung, die durch den Richter verkündet wird, zu schelten, da das Verfahren von Urteil zu Urteil fortschreitet. Mit dieser weiten Anfechtungsmöglichkeit umfaßt die Urteilsschelte auch den Schutz gegen den befangenen Richter oder Urteiler, wenn sachlich eine falsche Entscheidung gefällt wird.

In diesem Punkte ist also eine enge Berührung zwischen Urteilsschelte und kirchlicher Appellation gegeben.

Die Reichskammergerichtsordnung enthält für diese Fragen keinen Anhaltspunkt. Sie begnügt sich mit dem Amtseid für Kammerrichter und Urteiler.

Literaturverzeichnis

I. Quellen zum gelehrten Recht

A. Legistik

Accursius: Glossa ordinaria, Lugd. 1572.

Azo: Lectura Codicis, Lugd. 1596.

— Summa Codicis, Venet. 1566.

Baldus: Codexkommentar, Lugd. 1564.

Bartolus: Codex-, Digestenkommentar, Quästionen, Basil. 1588.

Brachylogus sive Corpus legum, ed. Eduard Böcking, Berlin 1829.

Cinus: Codex- und Digestum uetus-Kommentar, Francof. 1578 (Neudruck Turin 1964).

Dissensiones Dominorum, Cod. Vat. Chis. E. VII. 218; ed. G. Haenel, Leipzig, 1834, pag. 125—246.

— Pseudo-Hugolini: ed. Haenel, pag. 250—552.

Epitome exactis regibus: ed. M. Conrat, Berlin 1884.

Exceptiones Petri: ed. C. G. Mor, Scritti giuridici preirneriani II, Mailand 1938.

Guilelmus de Cugno: Codexlectura, Lugd. 1513.

Jacobus de Ravanis: Codexkommentar, Parrhis. 1519 (unter dem Namen Petrus de Bellapertica).

Johannes Faber: Breuiarium in Codicem, Ludg. 1520.

Libro Ashburnhamensis: ed. Mor, Scritti giuridici preirneriani I, Mailand 1935,

Libro Tubingensis: ed. Mor, Scritti giuridici preirneriani I.

Lo Codi: ed. H. Fitting, Halle 1906.

Odofredus: Codexlectura, Lugd. 1552.

Placentinus: Summa Codicis, Moguntiae 1536 (Neudruck Turin 1962).

Questiones de iuris subtilitatibus: ed. G. Zanetti, Florenz 1958.

Rogerius: Summa Codicis, ed. G. B. Palmieri, BIMAe I, pag. 49—233.

Summa Institutionum Vindobonensis: ed. G. B. Palmieri, BIMAe I, add. pag. 4—208 (als „Wernerii Summa Inst.").

Summa Trecensis: ed. H. Fitting, Berlin 1894 (als Summe des Irnerius).

Vacarius: Liber pauperum, ed. F. de Zulueta, London 1927.

B. Kanonistik

Antonius a Butrio: Dekretalenkommentar, Venet. 1578.

Bernardus de Botone: Glossa ordinaria zum Liber X, Venet. 1584.

Bernardus Papiensis: Summa, ed. Laspeyers, Regensburg 1860 (Nachdruck Graz 1956).

Canones-Sammlungen zwischen Gratian und Bernhard von Pavia: ed. E. Friedberg, Leipzig 1897 (Nachdruck Graz 1958).

Canones Apostolorum et Conciliorum, 2 Bände, Berlin 1839.

Quinque Compilationes Antiquae: ed. E. Friedberg, Leipzig 1882 (Nachdruck Graz 1956).

Sacrorum Conciliorum nova et amplissima Collectio: ed. J. D. Mansi, Florenz 1759—1798 (Nachdruck Paris 1901—1927).

Conciliorum Oecumenicorum Decreta: ed. J. Alberigo, P.-P. Joannou, C. Leonardi, P. Prodi, Freiburg 1962.

Corpus Iuris Canonici: ed. E. Friedberg, Leipzig 1879/81 (Nachdruck Graz 1959); ed. J. H. Boehmer, Halae 1747.

Decretales Pseudo-Isidorianae et Capitula Angilramni: ed. P. Hinschius, Lipsiae 1863.

Felinus Sandeus: Dekretalenkommentar, Lugd. 1587.

Goffredus de Trano: Summa, Lugd. 1519.

Guido de Baysio (Archidiaconus): Apparat zum Liber VI, Lugd. 1547.

— Glossa zum Decret, Lugd. 1547.

Guilelmus de Montelauduno: Kommentar zu den Clementinen, Parrhis. 1517.

Henricus Bohic: Dekretalenkommentar, Venet. 1576.

Henricus de Segusio (Hostiensis): Dekretalenapparat, Argent. 1512, Venet. 1581.

— Summa, Lugd. 1537 (Neudruck Aalen 1962).

Innozenz IV: Dekretalenapparat, Venet. 1570.

Johannes Andreae: Glossenapparat zum Liber Sextus, Lugd. 1671.

— Novella in Sextum, Venet. 1499, (Nachdruck Graz 1963).

— In quinque decretalium libros novella commentaria, Venet. 1581 (Nachdruck Torino 1963).

Johannes Teutonicus: Glossa ordinaria zum Dekret, Venet. 1584.

Irische Kanonensammlung: ed. H. Wasserschleben, 2. Aufl., Leipzig 1885.

Kanones der wichtigsten altkirchlichen Concilien: ed. Friedrich Lauchert, Nachdruck Frankfurt/M 1961.

Nicolaus de Tudeschis (Panormitanus): Dekretalenkommentar, Lugd. 1549/51.

Paucapalea: Summa, ed. J. F. von Schulte, Gießen 1890.

Petrus Blesensis: Speculum iuris canonici, ed. Th. A. Reimarus, Berlin 1837.

Regino Prumiensis: De Synodalibus Causis et Disciplinis Ecclesiasticis, ed. F. G. A. Wasserschleben, Lipsiae 1840, Nachdruck Graz 1964.

Rufinus: Summa, ed. H. Singer, Paderborn 1902.

Stephanus Tornacensis: Summa, ed. J. F. von Schulte, Gießen 1891.

Summa „Magister Gratianus in hoc opere" (Parisiensis), ed. T. P. McLaughlin, Toronto 1952.

Verschiedene Concilien:

— Acta Concilii Constanciensis, 2. Band, Münster 1923, ed. Heinrich Finke.

— Fontes Iuris Canonici Selecti, ed. Andreas Galante, Veniporte 1962.

— Concilia Galliae A. 511—A. 695, Cvra et Stvdio Caroli de Clercq, Tvrnholti 1963.

C. Prozeßschriften

Aegidius de Fuscarariis: Ordo iudiciarius, ed. Wahrmund III. 1.

„Antequam dicatur": ed. O. Riedner, Die geistlichen Gerichtshöfe zu Speier im Mittelalter, II, Paderborn 1915, pag. 5—48.

Bencivenna de Siena: Ordo „Inuocato Christi nomine", ed. Bergmann, pag. 3—86 (unter dem Namen Pillius) und Wahrmund V. 1.

Bernardus Dorna: Summa libellorum, ed. Wahrmund I. 1.

Bulgarus: Ordo, ed. A. Wunderlich, Anecdota quae processum civilem spectant, Göttingen 1841, pag. 13—26 und Wahrmund IV. 1.

Eilbertus Bremensis: Ordo, ed. Wahrmund I. 5.

Guilelmus de Drogheda: Summa aurea, ed. Wahrmund II. 2.

Guilelmus Durantis: Speculum iudiciale, Venet. 1576.

„In principio": ed F. Kunstmann, Kritische Überschau der deutschen Gesetzgebung und Rechtswissenschaft, II, München 1855, pag. 17—29.

Johannes Bassianus: „Propositum presentis", ed. Tamassia-Palmieri, BIMAe II, pag. 213 a—223 a.

— „Quicunque uult", ed. Wahrmund IV. 2.

Paruus ordinarius, ed. Wahrmund AKKR 81. 14—37, 195—222.

„Quia iudiciorum" (ordo Bambergensis): ed. J. F. von Schulte, Sitzungsberichte der Akademie der Wissenschaften, Wien, Phil.-hist. Kl. 70, 1872, pag. 289—326.

Ricardus Anglicus: Ordo, ed. Wahrmund II. 3.

„Scientiam omnes naturaliter": ed. Wahrmund II. 1.

„Si quis uult", (Pseudo-Damasus): ed. Wahrmund IV. 4.

Tancred: Ordo, ed. Bergmann, pag. 89—314.

„Tractatus de iudiciis": ed. C. Gross, Incerti auctoris ordo judiciarius, Innsbruck 1870.

Tractatus „Superest videre": ed. Padoa Schioppa II.

„Ulpianus de edendo": ed. G. Haenel, Leipzig 1838.

Urbach, Joannis: Processus Judicii (Ordo iudiciarius Panormitani), ed. Th. Muther, Hal. 1873.

II. Quellen zum deutschen Recht

Alte vnd ernewerte Ordnung vnd Reformation / Der Römischen Keyserlichen Majestât / Keyserlichen Hoffgerichts zu Rottweil: ed. P. M. Wehner, Frankfurt/M 1610.

Ius Camerale, Kammergerichtsordnung nebst Appendix aus den 1556/57 übergebenen Gravaminibus nebst kayserl. Resolution, Frankfurt/M 1714.

Die Hofgerichtsordnung Kurfürst Philipps (1476—1508) für die Pfalzgrafschaft bei Rhein: ed. Klaus Bender, Diss. Mainz 1967, S. 71—108.

Koch, Ernst-August: Neue und vollständige Sammlung der Reichs-Abschiede, 4 Teile, Frankfurt/M 1747.

Krenner, J. N. G. v.: Baierische Landtags-Handlungen in den Jahren 1429 bis 1513, 7. und 12. Band, München 1804.

Landrechte:
— Kaiser Ludwigs erstes oberbaierisches Land- und Lehenrecht, ed. L. Rockinger, München 1908.
— Österreichisches Landrecht im 13. und 14. Jahrhundert, ed. Victor Hasenöhrl, Wien 1867.
— Steiermärkisches Landrecht des Mittelalters, ed. Ferdinand Bischoff, Graz 1875.

Monumenta Boica, 53. Band, München 1912; 54. Band, München 1956.

MGH Const. II, Hannover 1896.

MGH Legum Sectio II, Capitularia regum Francorum Tomus II, Hannover 1897.

Müller, Konrad: Die Goldene Bulle Kaiser Karls IV. 1356. Lat. Text mit Übersetzung; Quellen zur neueren Geschichte, Heft 25, Bern 1957.

Rechtsbücher:
— Die Blume von Magdeburg: ed. Hugo Boehlau, Weimar 1968.
— Deutschenspiegel: ed. O. Ficker, Der Spiegel deutscher Leute, Innsbruck 1859.
— Glosse zum Sachsenspiegel: ed. Christoff Zobel, Leipzig 1561.
— Kaiserrecht: ed. H. E. Endemann, Das Keyserrecht, Cassel 1846.
— Richtsteig: ed. C. G. Homeyer, Der Richtsteig Landrechts, nebst Cautela und Premis, Berlin 1857.
— Sachsenspiegel: ed. K. A. Eckhardt, Das Landrecht des Sachsenspiegels, Germanenrechte, Band 14, 2. Aufl., Göttingen 1955; Das Lehenrecht des Sachsenspiegels, 2. Aufl., Göttingen 1956.
— Der Sachsenspiegel (Landrecht), Übersetzung von H. C. Hirsch, Berlin-Leipzig 1936.

Das Sächsische oder Magdeburger Weichbild-Recht: ed. O. A. Walther, Leipzig 1871.

Schwabenspiegel: ed. F. L. A. Frh. von Lassberg, Der Schwabenspiegel, Neudruck der Ausgabe von 1840, Aalen 1961.

Repertorium der Akten des Reichskammergerichts: ed. O. Koser in Veröffentlichungen des Gesamtvereins der Deutschen Geschichts- und Altertumsvereine, 2 Bände, 1. Bd. Heppenheim 1933, 2. Bd. Heppenheim 1936.

Sammlung der württembergischen Gesetze: ed. A. L. Reyscher, 4. Band, Stuttgart-Tübingen 1831.

Stadtrechtsbücher:

— Eisenacher Rechtsbuch: ed. P. Rondi, Germanenrechte Neue Folge, Band 3, Weimar 1950.
— Freisinger Rechtsbuch: ed. H.-K. Claußen, Germanenrechte Neue Folge, Abteilung Stadtrechtsbücher, Weimar 1941.
— Das Mühlhäuser Reichsrechtsbuch: ed. Herbert Meyer, 2. Aufl., Schriften der Akademie für Deutsches Recht, Gruppe V: Rechtsgeschichte, Weimar 1934.
— Das Wiener Stadtrechts- oder Weichbildbuch: ed. Heinrich M. Schuster, Wien 1873.
— Zwickauer Rechtsbuch: ed. H. Planitz — G. Ullrich, Germanenrechte Neue Folge, Abteilung Stadtrechtsbücher, Weimar 1941.

Stadtrechte:

— Brünn: Die Stadtrechte von Brünn aus dem XIII. und XIV. Jahrhundert, ed. Emil F. Rössler, Prag 1852.
— Eichstätt: Gerichtsordnung des Bischofs Johanns. III. (von Eyb) von 1457 (nach der Heuslerschen Sammlung aus dem 17. Jhdt., Archiv des bischöflichen Ordinariats in Eichstätt).
— Freiburg: Neue Stadtrechte und Statuten der Stadt Freiburg im Breisgau von Ulrich Zasius, Faksimiledruck der Ausgabe von 1520, Aalen 1968.
— München: Denkmäler des Münchner Stadtrechts, ed. Pius Dirr, München 1934, 1. Bd., 1158—1403, Bayerische Rechtsquellen, Band 1.
— Nördlingen: Nördlinger Stadtrechte des Mittelalters, ed. K. O. Müller, Bayerische Rechtsquellen, Band 2, München 1933.
— Nürnberg: Nürnberger Reformation von 1479, nach dem Druck von Koberger, Nürnberg 1484.
— Tübingen: Die Tübinger Stadtrechte von 1388 und 1493, ed. Reinhold Rau und J. Sydow, Tübingen 1964.
— Worms: Wormser Reformation von 1499.
— Deutsche Stadtrechte des Mittelalters mit rechtsgeschichtlichen Erläuterungen, 2 Bände, E. Th. Gaupp, Breslau 1851 und 1852.
— Deutsche Stadtrechte des Mittelalters, Neue Ausgabe, Nürnberg 1866.

Tengler, Ulrich: Layenspiegel, Straßburg 1578.

Urkundenbuch für die Geschichte des Niederrheins: ed. Th. J. Lacomblet, Düsseldorf 1858.

Vrtheil vnd Bescheidt deß keys. Cammergerichts: ed. Christian Barth, Speyer 1603.

Weber, Georg Michael, Ritter von: Darstellung der sämmtlichen Provinzial- und Statutarrechte des Königreichs Bayern, 5. Band, Augsburg 1844.

Wolf, Armin: Die Goldene Bulle, Faksimiledruck 2 Bände, Frankfurt/M 1968.

Zeumer, Karl: Quellensammlung zur Geschichte der Deutschen Reichsverfassung in Mittelalter und Neuzeit, 2. Aufl., Tübingen 1913.

III. Literatur

Andrieu, Michel: Le Pontifical Romain au Moyen-Age, T. III, Le Pontifical de Guillaume Durand, Città del Vaticano 1914

Angermeier, Heinz: Begriff und Inhalt der Reichsreform, in ZRG GA 75 (1958), 181 ff.

Bellarminus, Cardinal Robertus: De scriptoribus ecclesiasticis, Coloniae 1645

v. Below, Georg: Die Ursachen der Rezeption des Römischen Rechts in Deutschland, Historische Bibliothek, Bd. 19, München und Berlin 1905

— Die landständische Verfassung in Jülich und Berg bis zum Jahre 1511, Teil I, Düsseldorf 1885; Teil II, Düsseldorf 1886

— Das bergische Rechtsbuch und die landständische Verfassung in Berg zur Zeit der Abfassung desselben, Marburg 1886

Berchtold, Josef: Die Entwicklung der Landeshoheit in Deutschland in der Periode von Friedrich II. bis einschlüssig zum Tode Rudolfs von Habsburg, 1. Teil, München 1863

Besold, Christoph: De Appellationibus, Tübingen 1678

Bibliophilus: Guilelmus Durantis in Jus Pontificium, Romae 1930

Biener, Friedrich August: Beiträge zu der Geschichte des Inquisitions-Processes und der Geschwornen-Gerichte, Leipzig 1827

Boehm, Ernst: Der Schöppenstuhl zu Leipzig und der sächsische Inquisitionsprozeß im Barockzeitalter, in ZgStrW 59 (1940), 371 ff., 620 ff.; 60 (1941), 155 ff.; 61 (1942), 300 ff.

Le Bras, Gabriel: Histoire du Droit et des Institutions de l'Eglise en Occident, T. VII: L'Age classique, 1140—1378, Paris 1965

Briegleb, Hans Karl: Einleitung in die Theorie der summarischen Processe, Leipzig 1859

von Brünneck, Wilhelm: Zur Geschichte des kulmer Oberhofes, in ZRG GA 34 (1913), S. 1—48

Brugi, Biagio: Per la storia della giurisprudenza e delle università italiane, Nuovi Saggi, Torino 1921

Brunner, Otto: Land und Herrschaft, 4. Aufl., Wien und Wiesbaden 1959

Buchda, Gerhard: Die Rechtsmittel im sächsischen Prozeß, in ZRG GA 75 (1958), 274 ff.

Calasso, Francesco: Medio Evo Del Diritto I, Le Fonti, Milano 1954

Cave, Guilielmo: Scriptum ecclesiasticorum historia litteraria, a Christo nato usque ad saeculum XIV., Vol. II, Oxonii 1743

Chiaudano, Mario: Le Curie Sabande Nel Secolo XIII; Biblioteca della Società Storica Subalpina, Torino 1927

Cimetier, F. P. S. S.: Les sources du droit ecclésiastique, Bibliothèque catholique des sciences religieuses 1930

Le Clerc, Victor: Histoire Littéraire de la France, T. XX, Paris 1842

Coing, Helmut: Römisches Recht in Deutschland, in Ius Romanum Medii Aevi, Pars V, 6, Mediolani 1964

Coing, Helmut: Das Eindringen des römischen Rechts in das Recht des Hochmittelalters in Deutschland aus: Deutsche Landesreferate zum IV. Internationalen Kongress für Rechtsvergleichung in Paris, 1954, hrsg. von Ernst Wolff, 1955, S. 3—25

Conrad, Hermann: Deutsche Rechtsgeschichte, Band 1, 1962

Conrat (Cohn), Max: Geschichte der Quellen und Literatur des Römischen Rechts im frühen Mittelalter, 1. Band, Leipzig 1891

Diehl, Hans: Gerichtsverfassung und Zivilprozeß in der Wormser Reformation vom Jahre 1499, Diss. Freiburg, Worms 1932

von Duhn, Carl Alexander: Deutschrechtliche Arbeiten, Lübeck 1877

Ebel, Wilhelm: Geschichte der Gesetzgebung in Deutschland, 2. Aufl., Göttingen 1958

Eisenhardt, Ulrich: Die Rechtswirkungen der in der Goldenen Bulle genannten privilegia de non evocando et appellando, in ZRG GA 86 (1969), S. 75—96

Endemann: Civilprozessverfahren nach der kanonistischen Lehre in ZZP 15 (1891), S. 177—326

Engelmann, Woldemar: Die Wiedergeburt der Rechtskultur in Italien durch die wissenschaftliche Lehre, Leipzig 1938

Estor, Johann Georg: **Anfangsgründe des Gemeinen und Reichsprocesses,** Giessen 1744

Feine, Hans Erich: Kirchliche Rechtsgeschichte, 4. Aufl., Köln und Graz 1964

Fichardus, Joannes: Vitae Recentiorum Iureconsultorum, Patavii 1565

Fitting, Hermann: Über die sogenannte Turiner Institutionenglosse und den sogenannten Brachylogus, Halle 1870

Fournier, Marcel: Essai sur l'histoire du droit d'appel, Paris 1881

Fournier, Paul-Le Bras, Gabriel: Histoire des Collections Canoniques en Occident, T. I, Paris 1931; T. II, Paris 1932

Fowler, Linda: „Recusatio iudicis in civilian and canonist Thought", Studia Gratiana, Band 15, 1972

Franklin, Otto: Beiträge zur Geschichte der Reception des römischen Rechts in Deutschland, Hannover 1863

— Das königliche Kammergericht vor dem Jahre MCDXCV, Berlin 1871

— Das Reichshofgericht im Mittelalter, 2 Bände, 1869

— Sententiae curiae regiae; Rechtssprüche des Reichshofes im Mittelalter, Hannover 1870

Fuhr, Ludwig: Zur Entstehung und rechtlichen Bedeutung der mittelalterlichen Formel „Ane Argeliste Unde Geverde", Diss. Frankfurt/M 1962

Gagnér, Sten: Studien zur Ideengeschichte der Gesetzgebung, Acta Universitatis Upsaliensis, Studia Iuridica Upsaliensia, 1, Uppsala 1960

Gasser, Simon Petrus: Dissertatio de beneficio non deducta deducam non probata probabo, Halle 1722

Gaudemet, Jean: L'Eglise dans l'Empire Romain, T. III, Paris 1958

Gengler, H. G.: Quellengeschichte und System des im Königreiche Bayern mit Ausschluß der Pfalz geltenden Privatrechts, 1. Bd. Einleitung und Quellenkunde, Erlangen 1846

Gernhuber, Joachim: Die Landfriedensbewegung in Deutschland bis zum Mainzer Reichslandfrieden von 1235, Bonner Rechtswissenschaftliche Abhandlungen, Heft 44, Bonn 1952

Gesner, Conrad: Bibliotheca instituta et collecta primum, Tiguri 1574

Giudice, Pasquale: Del Storia del Diritto Italiano, V. III, Parte Seconda: Storia della procedura civile e criminale di Guiseppe Salvioli, Milano 1927

Groß, Carl: Die Beweistheorie im canonischen Proceß, 1. Teil, Wien 1867, 2. Teil, Innsbruck 1880

Gudian, Gunter: Gemeindeutsches Recht im Mittelalter? Ius Commune II, Frankfurt/M 1969, S. 33 ff.

Guenther, K. G.: Das Privilegium de non appellando des Kur- und Fürstlichen Hauses Sachsen. Dresden und Leipzig 1788

Hagemann, Hans Rudolf: Basler Stadtrecht im Spätmittelalter, in ZRG GA 78 (1961), S. 140—297

Hahnen, Henricus: Disputatio Inauguralis Juridica De Appellationibus, Helmstedt 1663

Harnack, Otto: Das Kurfürstencollegium bis zur Mitte des 14. Jahrhunderts, Gießen 1883

Harpprecht, Johann H.: Geschichte des kaiserlichen und Reichskammergerichts, 6 Bände, Ulm 1757—1768

Hefele, Charles Joseph: Histoire des Conciles, T. 1, 1. Teil, Paris 1907

Hergenröther, Philipp: Die Appellationen nach dem Decretalenrechte in Jahres-Bericht über das Bischöfliche Lyceum zu Eichstätt für das Studienjahr 1874/75, Eichstätt 1875

Herrmann, Max: Die Reception des Humanismus in Nürnberg, Berlin 1898

Hewig, Dirk: Kaiserliche Bestätigungen von Stadt- und Landrechten, Diss. München 1969

Hinschius, Paul: System des katholischen Kirchenrechts mit besonderer Rücksicht auf Deutschland, 1. Band, Graz 1959

Hirsch, Hans: Die hohe Gerichtsbarkeit im deutschen Mittelalter, Quellen und Forschungen aus dem Gebiete der Geschichte, 1. Heft, Prag 1922

Homeyer, G.: Die deutschen Rechtsbücher des Mittelalters und ihre Handschriften, Weimar 1931/1934

Hotomanus, Franciscus: Commentarius Verborum Iuris, Basileae 1558

van Hove: Prolegomena ad codicem iuris canonici, Vol. I, Mechliniae-Romae 1945

Itzstein, Christian: Dissertatio Inauguralis Juridica de Usu Recessus Imperii Novissimi de a. 1654, Mainz 1787

Jacobi, Erwin: Der Prozeß im Decretum Gratiani und bei den ältesten Dekretisten, in ZRG Kan. Abt. III, 1913, 223 ff.

Jahr, Günther: Litis contestatio, Forschungen zum Römischen Recht, 11. Abhandlung, Köln und Graz 1960

Jocher, Christian Gottlieb: Allgemeines Gelehrten-Lexikon, 2. Band, D—L, Leipzig 1750; Nachdruck Hildesheim, 1961

Juncker, Josef: Summen und Glossen, in ZRG Kan. Abt. 14 (1925), 384 ff.

Kalisch, Hans: Die Grafschaft und das Landgericht Hirschberg, in ZRG GA 34 (1913), 141 ff.

Kaser, Max: Das Römische Zivilprozeßrecht, München 1966

— Zum Formproblem der litis contestatio, in ZRG Rom. Abt. 84 (1967), 1 ff.

Kern, Eduard: Geschichte des Gerichtsverfassungsrechts, München und Berlin 1954

Klingelhöfer, Erich: Die Reichsgesetze von 1220, 1231/32 und 1235, Quellen und Studien, Heft 2, Weimar 1955

Knapp, Theodor: Das württembergische Hofgericht zu Tübingen und das württembergische Privilegium de non appellando, in ZRG GA 48 (1928), 1 ff.

Knoche, Hansjürgen: Ulrich Zasius und das Freiburger Stadtrecht von 1520, Karlsruhe 1957

Köbler, Gerhard: Richten—Richter—Gericht, in ZRG GA 87 (1970), S. 57—113

Koller, Fritz: Der Eid im Münchner Stadtrecht des Mittelalters, München 1953

Koschaker, Paul: Europa und das römische Recht, München 1947

Krause, Hermann: Dauer und Vergänglichkeit im mittelalterlichen Recht, in ZRG GA 75 (1958), S. 206—251

— Kaiserrecht und Rezeption, Abhandlungen der Heidelberger Akademie der Wissenschaften, Phil.-hist., Heidelberg 1952/1

Kunkel, Wolfgang: Römische Rechtsgeschichte, 5. Aufl., Köln und Graz 1967

Kuttner, Stephan: Repertorium der Kanonistik (1140—1234), Studi e Testi, 71, Città del Vaticano 1937

Labbé, Philippe: Dissertationis Philologicae de Scriptoribus ecclesiasticis, T. II, Paris 1660

Lechner, Johann: Reichshofgericht und königliches Kammergericht im 15. Jahrhundert, Innsbruck 1904

Legendre, Pierre: La pénétration du droit romain dans le droit canonique classique de Gratien à Innocent IV (1140—1254), Thèse Paris 1964

Lenel, Paul: Scheidung von Richter und Urteilern in der deutschen Gerichtsverfassung seit der Rezeption der fremden Rechte, in ZRG GA 34 (1913), S. 440—447

Lieberich, Heinz: Rechtsgeschichte Baierns und des bayerischen Schwaben, in Heimatgeschichtlicher Ratgeber, Heft 6, 2. Aufl., München 1953, S. 80 ff.

— Frühe Reichskammerprozesse aus dem baierischen Reichskreis, in Festschrift für Helbling, 1971, S. 419

Litewski, Wieslaw: Die römische Appellation in Zivilsachen, in RIDA, T. 12,

S. 347 ff., Bruxelles 1965; T. 13, Bruxelles, 1966, S. 231 ff.; T. 15, S. 143—436, Bruxelles 1968
— Les textes procéduraux du droit de Justinien dans le Décret de Gratien, in Studia Gratiana 9 (1965), S. 65—109

Loersch, Hugo: Der Ingelheimer Oberhof, Bonn 1885

Luig, Klaus: Die Anfänge der Wissenschaft vom deutschen Privatrecht, in Ius Commune I, Frankfurt/M 1967, S. 195 ff.

Maassen, Friedrich: Geschichte der Quellen und der Literatur des canonischen Rechts im Abendlande, 1. Band, Graz 1870

von Maurer, Georg Ludwig: Geschichte der Städteverfassung in Deutschland, 3 Bände, 3. Band. Erlangen 1870

Mazzacane, Elio: La Litis Contestatio Nel Processo Civile Canonico, Pubblicazioni Della Facolta Giuridica Dell'Università Di Napoli, Bd. 15, Napoli 1954

Menger, Anton: Die Zulässigkeit neuen thatsächlichen Vorbringens in den höheren Instanzen, Wien 1873

Merkel, Johannes: Quellen des Nürnberger Stadtrechts, in Festgabe für Ferdinand Regelsberger, Leipzig 1901, S. 57—149

Merzbacher, Friedrich: Rechtsgeschichte Frankens, in Heimatgeschichtlicher Ratgeber, Heft 6, 2. Aufl., München 1953, S. 111 ff.

Meurer, Noe: Cammergericht-Ordnung vnd Proceß, Mainz 1584

Mindanus, Petrus Fridericus: De Processibvs, Frankfurt/M 1597

Mitteis, Heinrich: Zum Mainzer Reichslandfrieden von 1235, in ZRG GA 62 (1942), S. 13—56

Mor, Carlo Guido: Diritto Romano E Diritto Canonico Nell'Età Pregrazianea, in L'Europa E Il Diritto Romano, Studi in Memoria di Paolo Koschaker, Vol. II, Milano 1954

Müller, Heinrich Otto: Das „kaiserliche Landgericht der ehemaligen Grafschaft Hirschberg", in Deutschrechtliche Beiträge, Band 7, Heft 3, Heidelberg 1911

München, Nicolaus: Das kanonische Gerichtsverfahren und Strafrecht, 2. Aufl., 2 Bände, Köln und Neuß 1874

Muther, Theodor: Römisches und kanonisches Recht im deutschen Mittelalter, Rostock 1871

Nörr, Knut Wolfgang: Ordo iudiciorum und ordo iudiciarius, in Studia Gratiana, Band 11, Bononiae 1967
— Arbeitsmethodische Fragen einer Forschung zum mittelalterlichen Zivilprozess, in Proceedings of the Second International Congress of Medieval Canon Law, Monumenta Iuris Canonici, Series C: Subsidia, Vol. 1, 1965, S. 347—354
— Zur Stellung des Richters im gelehrten Prozeß der Frühzeit: Iudex secundum allegata non secundum conscientiam iudicat, Münchner Universitätsschriften, Reihe der Juristischen Fakultät, Band 2, München 1967

Olenschlager, Johann Daniels von: Neue Erläuterung der Guldenen Bulle Kaysers Carls des IV., Frankfurt und Leipzig 1766

Orestano, Riccardo: L'appello civile in diritto romano, 2. Aufl., Torino 1953

Otte, Albert: Die Mainzer Hofgerichtsordnung von 1516/1521 und die Gesetzgebung auf dem Gebiet der Zivilgerichtsbarkeit im 16. Jahrhundert, Jur. Diss. Mainz 1964

Padoa Schioppa, Antonio: Ricerche sull'appello nel diritto Intermedio, Band 1, Milano 1967, Band 2, Milano 1970

Pérez de Heredia, Ignacio: Der befangene Richter auf Grund vorgängiger Mitwirkung im Prozeß, Lizentiatsarbeit der kanonistischen Sektion der Theologischen Fakultät der Ludwig-Maximilians-Universität, Maschinenschrift, München 1968

Perneder, Andreas: Gerichtlicher Proceß, Ingolstadt 1544

Perrot, Ernest: L'appel dans la procédure de l'ordo Judiciorum, Paris 1907

Planck, Julius Wilhelm: Das deutsche Gerichtsverfahren im Mittelalter — nach dem Sachsenspiegel und verwandten Rechtsquellen, 2 Bände, Braunschweig 1879

— Die Lehre von dem Beweisurtheil, Göttingen 1848

Planitz, Hans: Die Vermögensvollstreckung im deutschen mittelalterlichen Recht, 1. Band, Leipzig 1912

Plöchl, Willibald M.: Geschichte des Kirchenrechts, Band 1, 2. Aufl., 1960; Band 2, 2. Aufl., 1962

Poetsch, Joseph: Die Reichsacht im Mittelalter und besonders in der neueren Zeit, in Gierkes Untersuchungen, Band 105, Breslau 1911

— Die Reichsjustizreform von 1495, insbesondere ihre Bedeutung für die Rechtsentwicklung, Münster 1912

Raggi, Luigi: La Restitutio in integrum nella cognitio extra ordinem, Milano 1965

— Studi sulle impugnazioni civili nel processo romano, I, Milano 1961

Rennefahrt, Hermann: Einflüsse des römischen und des Reichsrechts auf den Zivilprozess, besonders auf das Appellationsverfahren im Fürstbistum Basel, in Mélanges Philippe Meylan, Vol. II, Histoire du Droit, Lausanne 1963, S. 193—213

Rietschel, Siegfried: Das Burggrafenamt und die Hohe Gerichtsbarkeit in den deutschen Bischofsstädten während des frühen Mittelalters, Leipzig 1905

Riezler, Sigmund: Geschichte Baierns, 1. Band, 2. H., 2. Aufl., Stuttgart und Gotha 1927; 2. Band, Gotha 1880

Rittershusius, Cunradus: Differentiarum Juris civilis et canonici, Argent. 1638

Rockinger, Ludwig: Ueber einen ordo judiciarius, bisher dem Johannes Andreä zugeschrieben, München 1855

Rosenthal, Eduard: Geschichte des Gerichtswesens und der Verwaltungsorganisation Baierns, Band 1: Vom Ende des 12. bis zum Ende des 16. Jahrhunderts (1180—1598), Würzburg 1889

— Besprechung von Adolf Stölzel: Die Entwicklung der gelehrten Rechtsprechung, Band 2, in ZRG GA 31 (1910), S. 522—561

Quétif, Jacobus: Scriptores ordinis praedicatorum recensiti, T. 1, Paris 1719

III. Literatur 105

Saur, Abraham: Formular / Jurament vnd Eidtbuch / Das ist gründtliche vnd recht Vnderweysung... Frankfurt/M 1597

von Savigny, Friedrich Carl: Geschichte des Römischen Rechts im Mittelalter, 5. Band: Das 13. Jahrhundert, 2. Aufl., Heidelberg 1850

Scheyhing, Robert: Eide, Amtsgewalt und Bannleihe, Forschungen zur deutschen Rechtsgeschichte, 2. Band, Köln und Graz 1960

Schima, Hans: Die Versäumnis im Zivilprozess, Leipzig und Wien 1928

Schlosser, Hans: Spätmittelalterlicher Zivilprozess, Forschungen zur deutschen Rechtsgeschichte, Band 8, Köln und Wien, 1971

Schmelzer, Friedrich August: Contumacialproceß der höchsten Reichsgerichte, Göttingen 1792

Schmid, Ludwig: Geschichte der Pfalzgrafen von Tübingen, Tübingen 1853

Schmidt, Richard: Lehrbuch des Deutschen Zivilprozeßrechts, 2. Aufl., Leipzig 1906

Schmitz, Heribert: Appellatio Extraiudicialis, Münchener Theologische Studien, III. Kanonistische Abteilung, 29. Band, München 1970

Schrader, Erich: Zur Deutung der Fürstenprivilegien von 1220 und 1231/32, in Stupor Mundi, S. 420 ff.

Schröder, Richard: Die Gerichtsverfassung des Sachsenspiegels, in ZRG GA 5 (1884), S. 1—68

von Schulte, Johann Friedrich: Die Geschichte der Quellen und Literatur des Canonischen Rechts von Gratian bis auf die Gegenwart; 1. Band: von Gratian bis auf Papst Gregor IX., Stuttgart 1875; 2. Band: von Papst Gregor IX. bis Concil von Trient, Stuttgart 1877

Schultheiss, Werner: Geschichte des Nürnberger Ortsrechts, Nürnberg 1957

Schultingius, Antonius: Dissertationes Juridicae de Recusatione Iudicis, Franequerae 1706

Schutz, Hugo: Litis contestatio und Klageerhebung, Diss. Erlangen, Nürnberg 1909

Schwartz, Johann Christoph: Vierhundert Jahre deutscher Civilproceß-Gesetzgebung, Berlin 1898

Seeliger, Gerhard: Das Deutsche Hofmeisteramt im Spaeteren Mittelalter, Innsbruck 1885

Seelmann, Walther: Der Rechtszug im älteren deutschen Recht, Gierkes Untersuchungen, Heft 107, Breslau 1911

Senckenberg, Heinrich Christian: Selecta Iuris et Historiarum, T. II, Frankfurt/M 1734

Sestan, Ernesto: Die historische Bedeutung der Constitution In Favorem Principum „Friedrichs II.", in Stupor Mundi, S. 331

Siegel, Gustav: Zur Entwickelung der Unabhängigkeit der Rechtsprechung, in Annalen des Deutschen Reichs, München und Leipzig 1898, S. 221—305

Simon, Dieter: Untersuchungen zum Justinianischen Zivilprozeß, Münchner Beiträge zur Papyrusforschung und antiken Rechtsgeschichte, 54. Heft, München 1969

Smend, Rudolf: Das Reichskammergericht, 1. Teil: Geschichte und Verfassung, in Zeumer: Quellen und Studien, Band 4, 3. Teil, Weimar 1911

Sohm, Rudolph: Die Fränkische Reichs- und Gerichtsverfassung, Leipzig 1911

Spangenberg, Hans: Landesherrliche Verwaltung, Feudalismus und Ständetum in den deutschen Territorien des 13. bis 15. Jahrunderts, Sonderabdruck aus der Historischen Zeitschrift, Band 103, Heft 3, S. 473 ff.

— Die Entstehung des Reichskammergerichts und die Anfänge der Reichsverwaltung, in ZRG GA 46 (1926), S. 231—289

Spangenberg: Ueber das Beneficium non deducta deducendi et non probata probandi, in AcP 9, III, Heidelberg 1826

Spinar, Norbert: Zu Entwicklung, Bedeutung und Anwendungsbereich der spätmittelalterlichen Formel A n e G e v a e r d e, Jur. Diss. Erlangen 1965

Spindler, Max: Handbuch der Bayerischen Geschichte, 1. Band, München 1967; 2. Band, München 1969

Steinwenter, Artur: Der antike Rechtsgang und seine Quellen, ZRG, Kan. Abt. XXIII, 1934, S. 1 ff.

— Studien zum Römischen Versäumnisverfahren, München 1914

Stickler, Alphonsus M.: Historia Iuris Canonici Latini, Institutiones Academicae, I, Historia Fontium, Pontificium Athenaeum Salesianum, Torino 1950

Stintzing, Roderich: Geschichte der populären Literatur des römisch-kanonischen Rechts in Deutschland, Leipzig 1867; Neudruck Aalen 1959

Stobbe, Otto: Geschichte der deutschen Rechtsquellen, Band 1, Braunschweig 1860

Stölzel. Adolf: Geding und Appellation, Hof, Hofgericht und Räte, Abschied und Urteil, Berlin 1911

— Die Entwicklung der gelehrten Rechtsprechung, Band 1, Berlin 1901; Band 2, Berlin 1910

— Die Entwicklung des gelehrten Richtertums in deutschen Territorien, 2 Bände, Stuttgart 1872

Tardif, Adolphe: Histoire des sources du droit canonique, Paris 1887

Theuerkauf, Gerhard: Lex, Speculum, Compendium Iuris, Forschungen zur deutschen Rechtsgeschichte, 6. Band, Köln und Graz 1968

Thieme, Hans: Das Privatrecht der deutschen Städte, in Recueils de la Société de Jean Bodin, Band 8, La ville, Troisième Partie, Le Droit Privé, Bruxelles 1957, S. 163 ff.

Tholozanus, Petrus Gregorius: Tractatvs de Appellationibvs, Libri Octo, Vrsellis 1599

Thomas, Johann Gerhard Christian: Der Oberhof zu Frankfurt am Main, Frankfurt 1841

Thudichum, Friedrich: Die Stadtrechte von Tübingen 1388 und 1493, in Tübinger Studien für Schwäbische und Deutsche Rechtsgeschichte, 1. Band, 1. Heft, Tübingen 1906

Trusen, Winfried: Anfänge des gelehrten Rechts in Deutschland, Recht und Geschichte, Band 1, Wiesbaden 1962

Vinogradoff, Paul: Roman Law in Medieval Europe, 2. Aufl., Oxford 1929

Viollet, Paul: Histoire du Droit Civil Français, Paris 1893

Waldmann, Daniel: Entstehung der Nürnberger Reformation von 1479 (84) und die Quellen ihrer prozeßrechtlichen Vorschriften, Diss. Erlangen, Nürnberg 1908

Walther, O. A.: Die Literatur des gemeinen ordentlichen Civil-Processes und seine Bearbeiter, Nordhausen 1865

Wehner, Paul Matthias: De Modo Appellandi in Camera Imperiali, Frankfurt/M 1608, in T. 6 der Symphorematis von Adrianus Gylmanus

Weissenborn, Franziska: Mühlhausen in Thüringen und das Reich, Gierkes Untersuchungen, Heft 108, Breslau 1911

Wesenberg, Gerhard: Neuere deutsche Privatrechtsgeschichte, 2. Aufl., Lahr 1969

Wesener, Gunter: Das innerösterreichische Landschrannenverfahren im 16. und 17. Jahrhundert, Graz 1963

Wetzell, Georg Wilhelm: System des ordentlichen Civilprocesses, Leipzig 1854

Wieacker, Franz: Privatrechtsgeschichte der Neuzeit, 2. Aufl., Göttingen 1967

Wlassak, Moriz: Die Litiskontestation im Formularprozess, Leipzig 1889

Wolf, Armin: Das „Kaiserliche Rechtbuch" Karls IV. (sogenannte Goldene Bulle), in Ius Commune II, Frankfurt/M 1969, S. 1 ff.

Wolf, Josef Georg: Die litis contestatio im römischen Zivilprozeß, Freiburger Rechts- und Staatswissenschaftliche Abhandlungen, Band 28, Karlsruhe 1968

Wolff, Hans Julius: Prozessrechtliches und materiellrechtliches Denken in rechtsgeschichtlicher Beleuchtung, in Studi in Memoria di Paolo Koschaker, Vol. 2, Milano 1954, S. 405—423

Zeumer, Karl: Quellen und Studien zur Verfassungsgeschichte des Deutschen Reiches in Mittelalter und Neuzeit, 2. Band, Weimar 1908

Zimmermann, Ernst: Der Glaubenseid, Marburg und Leipzig 1863

Personen- und Sachregister

Acht, Aberacht 44 f.
Appellation 16, 18, 22, 26, 39 f., 80 ff., 86, 89, 92
— Eindringen 26
— gegen Interlokute 53 f.
Appellationseide 60 f., 64 ff.,68 f., 92
Appellationsprivilegien, siehe Privilegien
Appellationssumme 35
Azo 33, 41, 50, 63, 65

Baldus 58 Anm. 24
Beklagter, Säumnis 45, 49
Beschwerdebegründung 57
Boehm, Ernst 15, 19
Buchda, Gerhard 15, 19

Calumnieneid 59, 62 ff., 65, 67 f., 92
Contumacialverfahren 44, 46

Damnum irreparabile 55 ff., 58
Durantis 50 Anm. 31, 57 Anm. 18, 64 Anm. 20 und 24, 66 Anm. 42, 67 Anm. 45

Eichstätter Gerichtsordnung 55
Eidesleistung 68
Einrede 35
Einsatz ex primo decreto 44, 51
Eremodicialverfahren 50, 53

Freiburger Stadtrecht 72

Geding 15, 18, 54
Geldbuße 48
Goffredus de Trano 67 Anm. 45
Goldene Bulle 20
gradatim 20, 28 f., 32 ff., 35 ff., 90
Gratian 33 f., 40 Anm. 10, 51, 66, 80 f., 83 f., 86, 92
Gravamen 56, 58, 83

Hofgericht 21
Hostiensis 36, 41

Innocenz IV. 83
Interlokut 42, 53 f., 57
Ius novorum 18, 38, 56, 92
— Inhalt 42

Justizverweigerung 20 f.

Kaiserrecht 14, 77
Kläger, Säumnis 50
Kostenregelung, Säumnis 44
Kurfürsten 20 f.

Layenspiegel 42 Anm. 22
Lehenrecht 61
Litis contestatio 44 f., 49, 82

Malicieneid 67 ff., 92
Mandat Heinrichs VI. 30
Missio in possessionem 51
Münchner Stadtrecht 60

Nördlingen
— Appellationsordnung 43
— Gerichtsordnung 55, 62
Nova 38 ff., 90
— Einschränkung 41
Nürnberger Reformation 55 Anm. 9

Obergericht 28 ff.
Oberhof 21

Placentinus 33, 39 Anm. 5, 41, 50, 64 f., 74
Privilegien, Privilegia de non appellando 20 ff., 33, 36, 90
— Erteilung 24
— Fortgeltung 22
— limitierte 35
— Nichtausübung 22
Prorogation 36, 38, 90
Prozeßverschleppung 59

Rat 21
Rechtsbücher 46, 74, 76, 83
Reichshofgericht 46
Reichskammergericht 20 f., 23, 28
Reichskammergerichtsordnung 75, 77
Rekusation 80 ff., 84, 92
Richter 17
Rosenthal, Eduard 15
Rufinus 34, 66, 85 f.
Ruprecht von Freising 68

Salvatorische Klausel 23
Säumnis, siehe Beklagter, Kläger

— Folgen 47
— in der Appellationsinstanz 49
Schwabenspiegel 78
Stölzel, Adolf 15
Summa Parisiensis 35, 86

Tancred 50, 57 Anm. 18, 66 Anm. 42, 69 Anm. 54 und 55, 71 Anm. 3, 72 Anm. 8
Tengler, Ulrich 42 Anm. 22
Territorien 24, 26, 32, 54

Ungehorsam 47

Urbach 57 Anm. 20, 68 Anm. 46
Urteilsfinder 17
Urteilsschelte 16, 18, 22, 24, 26, 39 f., 48, 55, 61, 74, 80, 83, 89

Verweisung 29

Wahrheitseid 67
Wormser Reformation 55, 72

Zeugen 40 f.
Zwickauer Rechtsbuch 79 f., 85

Printed by Libri Plureos GmbH
in Hamburg, Germany